“十三五”国家重点出版物出版规划项目
“一带一路”核心区语言战略研究丛书（第一辑）
邢欣　总主编

服务“一带一路”的国际化专业汉语人才培养

帕提曼·艾克木　著

南開大學出版社
天　津

图书在版编目(CIP)数据

服务"一带一路"的国际化专业汉语人才培养 / 帕提曼·艾克木著. —天津:南开大学出版社，2020.12
("一带一路"核心区语言战略研究丛书. 第一辑)
ISBN 978-7-310-05924-9

Ⅰ. ①服… Ⅱ. ①帕… Ⅲ. ①汉语—对外汉语教学—人才培养—研究 Ⅳ. ①H195

中国版本图书馆 CIP 数据核字(2020)第 017256 号

服务"一带一路"的国际化专业汉语人才培养
FUWU "YIDAI YILU" DE GUOJIHUA ZHUANYE HANYU RENCAI PEIYANG

南开大学出版社出版发行
出版人:陈 敬
地址:天津市南开区卫津路 94 号 邮政编码:300071
营销部电话:(022)23508339 营销部传真:(022)23508542
http://www.nkup.com.cn

三河市同力彩印有限公司印刷 全国各地新华书店经销
2020 年 12 月第 1 版 2020 年 12 月第 1 次印刷
235×165 毫米 16 开本 13.5 印张 4 插页 207 千字
定价:78.00 元

如遇图书印装质量问题,请与本社营销部联系调换,电话:(022)23508339

“十三五”国家重点出版物出版规划项目“‘一带一路’核心区语言战略研究丛书”结项成果

2017 年度国家出版基金项目“‘一带一路’核心区语言战略研究丛书（第一辑）”结项成果

国家语委 2015 年度重大项目“‘一带一路’核心区语言战略研究”（ZDA125-24）成果

中国传媒大学“双一流”建设重大项目“新媒体中的‘一带一路’对外语言传播策略及语言服务研究”（CUC18CX07）成果

深入语言生活　回答时代提问（代序）

2013年9月与10月，习近平主席在出访哈萨克斯坦和印度尼西亚时，提出了“一带一路”倡议，这是中国向世界提出的一个新概念，也是一个涉及国内外的新行动。2015年3月，《推动共建丝绸之路经济带和21世纪海上丝绸之路的愿景与行动》发布，“一带一路”的概念逐渐清晰，行动逐渐有序。2017年5月，“一带一路”国际合作高峰论坛在北京举行，“一带一路”建设进入全面推进阶段，并产生了重要的国际影响和国际互动。

“一带一路”倡议首先是经济愿景，但经济愿景也必须与政治、文化、科技等联动并发。“一带一路”倡议不是中国的独角戏，而是互动的，共赢的。在“一带一路”建设推进的过程中，中国将构建全方位开放的新格局，深度融入世界经济体系；同时，它也强调国家间发展规划的相互对接，区域合作、国际合作将得到前所未有的加强，从而惠及他国，造福人类。

“一带一路”需要语言铺路，这已经成为四年多来关于“一带一路”建设的共识。但是，“一带一路”建设中究竟存在哪些语言问题，语言将怎样发挥“铺路”的功能，还是一个具有时代意义的课题，也是一个时代性的提问。邢欣教授主编的“‘一带一路’核心区语言战略研究丛书”，正是立时代潮头，得风气之先，在研究这一时代性的课题，在尝试回答这一时代性的提问。

这套丛书有许多特点，最大的特点是其系统性和应用性。所谓系统性，是丛书较为全面地研究了“一带一路”的语言问题，涉及国家语言安全战略、对外语言传播策略、领域语言人才培养模式、媒体传播话语体系建设、语言文化冲突消解策略等话题。可以说，这套丛书已经建构起了语言战略研究的系统的学术网络。所谓应用性，是指丛书从现实入手，收集材料，透彻观察，深入分析，探索最佳发展模式，提出具体解决措施，以求应用于相关政策的制定和相关工作的实施。

能够在如此短暂的时间内，深入实际，发现问题，提出举措，并形成一整套丛书，是与这一研究团队的组成密切相关的。丛书主编邢欣教授，长期在新疆生活和工作，对新疆充满感情，对新疆的语言文字事业充满激情。后来，不管是求学于复旦大学，还是任教于南开大学、中国传媒大学，她都时时不忘新疆，承担了多个有关新疆的语言研究课题。特别是“一带一路”倡议的提出，更是激发了她的研究热情，促使她多次到新疆、到中亚实地调研，有亲身感受，有第一手资料，成为我国研究“一带一路”语言问题的先行者。

丛书各卷作者，有年长者，也有年轻人，但都是“学术老手”，在应用语言学的多个领域有学术根基，有丰富经验。同时，中国传媒大学和新疆大学、新疆师范大学几所高校在媒体传播研究、汉语国际教育等领域有平台优势，与“一带一路”沿线国家有频繁的文化、学术交流。该丛书的研究，也进一步促进了我国与中亚地区的学术合作，产生了较好的学术影响。丛书的这种工作模式是值得赞赏的。

语言学是经验学科，第一手研究资料，对研究对象的亲身感知，都很重要。获取第一手资料，感知研究对象，就必须多做田野工作。当然，不同的语言学科有不同的“田野”，现实语言调查、社会语言实践、古籍文献阅读、语言教学的对比实验、计算语言学的实验室等，都是语言学家的“田野”，都是现实的语言生活。本丛书的学术团队有着强烈的学术使命感，更有良好的学风，到“田野”去，到语言生活中去，去研究国家发展最需要解决的语言问题。这种学术精神，是值得提倡的。

李宇明

2018 年 2 月 19 日

农历雨水之日

序

“一带一路”倡议提出以来，我国在经济、文化、教育等各领域的相关工作逐渐展开，政策沟通、设施联通、贸易畅通、资金融通、民心相通已经被明确为愿景方略和行动目标。沿线国家和地区也对我国的倡议积极响应，为展开全面合作进行对接。在这一双向交流的过程中产生的语言文化问题，引发了学术界对“一带一路”中语言的重要作用的关注和讨论。

邢欣教授主编的“‘一带一路’核心区语言战略研究丛书”以学术研究服务国家发展为己任，从语言战略构建的高度，深入研究服务于“一带一路”实施的语言问题，无论于学术还是于社会实践，都具有重要的价值。

几年来，在不同场合，邢欣教授都在不断地阐释“‘一带一路’核心区”的理念。她认为，“丝绸之路经济带”核心区将在“一带一路”建设中发挥窗口作用。作为重要的交通枢纽、商贸物流和文化科教中心，它涉及的多国家、多语种的语言问题尤为典型。这一判断是基于邢欣教授及其团队的大量调查而形成的。

这套丛书提出了以语言服务为主的语言战略新思路，它符合“一带一路”建设的目标和需求，是切实而有远见的。丛书中关注的国际化专业汉语人才培养、媒体报道语言热点等问题，也紧紧扣住了语言服务这一核心点，把握了“一带一路”总体布局下的语言战略问题的脉搏。同时，丛书中包含的旨在促进“民心相通”的留学生的文化碰撞与适应、语言适应和语言传承等研究内容，紧密贴合了“一带一路”的框架思路，表明了丛书作者对语言与国家方略的关系的透彻理解和深刻立意。

邢欣教授具有语言本体、民族语言和语言应用等多方面的研究经验，成果丰硕。近年来组织一批语言学、语言规划、语言教育等各方面的专家，就“一带一路”核心区之一——新疆的语言问题进行专门研究，形成了一支有机配合的研究团队，赴多个“一带一路”沿线国家进行了多次调研，组织了多场学术研讨会，陆续发表了一批有重要影响的文章。这套丛书就是在此基础上完成的。

丛书的作者有民族语言学、社会语言学方面的知名学者，有活跃在教学科研第一线的高校骨干教师，也有近几年获取博士学位走上相关岗位的青年新秀。集中多方面研究力量形成的研究成果具有视角新颖、内容丰富、应用性强的特点，将对语言战略研究理论和“一带一路”建设各领域的实践都会产生积极影响。

在这套丛书申请立项过程中，我有幸成为先读者，深为他们的精神所感动。值丛书出版之际，邢欣教授要我写几句话，就有了上面这段文字。

是为序。

2018 年 2 月 25 日

丛书前言

“一带一路”倡议是我国政府提出的以经济发展带动世界各国繁荣和谐的新愿景和行动纲领，是“具有原创性、时代性的概念和理论”指导下的治国新理念，具有重大而深远的意义。目前，“一带一路”建设已“逐渐从理念转化为行动，从愿景转变为现实”。截至 2018 年底，全球已有 122 个国家和 29 个国际组织积极支持和参与“一带一路”建设，在政策沟通、设施联通、贸易畅通、资金融通、民心相通五个方面全面推进。交流互鉴、合作共赢、共同发展已成为我国与沿线国家的共识，政治互信、经济融合、文化包容的利益共同体、命运共同体和责任共同体正在一步步形成。“一带一路”建设的核心点在各国共建上，而国际上的政治、经济、法律、商贸、文化、教育等交流活动都离不开“语言”这一物质载体，语言成为合作共建、民心相通的关键要素。因此，构建符合时代需求的语言发展战略，成为“一带一路”建设中的基础性工程。

“一带一路”倡议提出以来，国内各个领域的相关研究蓬勃开展。从 2014 年起，语言学界也逐渐投入到这一研究中来，接连发表了一系列研究成果，提出了许多有建设性的观点和建议。特别是李宇明先生于 2015 年 9 月 22 日在《人民日报》上发表的《“一带一路”需要语言铺路》一文，为“一带一路”研究中的语言政策研究提供了依据。从语言学界的研究来看，大家已经基本达成了共识，即“一带一路”建设的顺利进行离不开语言保障，围绕“一带一路”的语言研究势在必行。我们这一研究课题正是产生于“一带一路”建设的大背景下，不是只与语言学相关，而是具有跨学科的性质；其成果也将不仅应用于语言学相关领域，还将与社会各层面相对接。因此，在研究思路上，我们搭建了一个理论与应用相结合的框架。在理论上，解决好语言政策与对外语言传播政策的对接，汉语教学与汉语国际教育语言人才培养政策的对接，以及国家语言安全战略与“一带一路”

语言服务的对接；在应用上，把握服务于语言需求这一主线，在语言人才培养、媒体语言传播、"互联网+"语言公共服务平台建设等方面提供策略建议。在研究方法上，以实地调查为重心，深入调研，充分占有第一手资料。

根据基本的研究框架，我们先后组建了"'一带一路'核心区语言战略研究"课题组和"面向中亚国家的语言需求及语言服务研究"项目组，获得了国家语委重大项目、国家社科基金重点项目，以及新疆大学和中国传媒大学"双一流"大学专项建设资金的支持；同时，规划了预期研究成果，形成了"'一带一路'核心区语言战略研究丛书"。南开大学出版社以该套丛书申报了"十三五"国家重点出版物出版规划项目和2017年度国家出版基金项目，并顺利获批，为丛书的出版和成果的传播提供了保障。

我们希望这套丛书可以实现它的预期价值，主要包括以下几个方面：第一，提出面向"一带一路"沿线国家，以语言服务为主的语言发展战略，为国家语言规划和语言政策的新布局提供理论依据，为"一带一路"语言战略智库建设提供策略建议；第二，丰富和完善语言文化研究的内涵，为对外语言文化交流提供建议，为促进民心相通提供语言服务；第三，研究语言文化冲突消解策略，为"一带一路"建设中潜在的，或可能出现的语言文化冲突提供化解方案，为跨文化交际的研究提供理论和实践的补充；第四，提出满足"一带一路"建设需求的语言人才培养模式和急需人才语言培训模式，为领域汉语教学提供理论依据；第五，为汉语国际传播提供新的思路；第六，在"互联网+"思维下，提出建立语言需求库、人才资源库，以及搭建"语言公共服务+语言咨询服务"平台的理论方案。

在丛书撰写过程中，研究团队的各位作者发挥资源和平台优势，以严谨的科研态度和务实的工作作风开展研究，希望这些成果能经得起实践的检验。我们的研究团队成员主要是新疆大学、新疆师范大学、新疆教育学院、新疆喀什大学等新疆高校的研究者和中国传媒大学的硕士生和博士生，感谢这些高校的大力支持，特别是新疆大学和中国传媒大学的大力支持。在本研究进行过程中，同行专家、各领域相关研究者给予了很多支持、帮助和指导；在实地调研中接受访谈和咨询的中资企业、孔子学院、高校、语言学院、华商协会组织、媒体等相关人员给予了大力配合和宝贵建议，这些都为本研究提供了实施条件和重要启发，在此一并深致谢忱！还要特别感谢李宇明教授、郭熙教授为丛书慨然作序，沈家煊先生在国家出版基金项目申请时对丛书给予肯定和推荐，给了我们莫大的鼓励和支持。最后要感谢南开大学出版社的无私相助，特别是田睿等编辑为本丛书出版殚精竭虑，付出了大量精力和心血，特此表示诚挚的谢意。

在编写本套丛书的过程中，我国提出的“一带一路”倡议得到了国际上越来越多国家的响应和支持，“一带一路”建设正在全面而深入地推进。这对语言应用研究提出了更多的课题和更高的要求。服务于“一带一路”建设，服务于国家和社会的发展需求，希望我们的研究能起到一定的积极作用。学术研究服务于社会发展和时代需要，是科研工作者的使命。我们最大的荣幸，是能得到广大读者的反馈和指正，使我们在研究的道路上能循着正确的方向探索，并获得源源的动力，坚持到底。

邢欣

2019 年 1 月

本书前言

博鳌亚洲论坛 2015 年年会召开期间，国家发展改革委、外交部、商务部联合发布了《推动共建丝绸之路经济带和 21 世纪海上丝绸之路的愿景与行动》，该文件从时代背景、共建原则、框架思路、合作重点、合作机制、中国各地方开放态势等 8 个方面，阐述了“一带一路”倡议和实施规划，重点涉及 18 个省级行政区域，新疆、福建将建设成“一带一路”核心区。该文件对中国各地方参与“一带一路”建设中的角色和地位进行了划分，要求发挥新疆独特的区位优势和向西开放重要窗口作用，深化与中亚、南亚、西亚等国家交流合作，打造“丝绸之路经济带”核心区。本书所指的核心区即“丝绸之路经济带”核心区新疆。

“一带一路”倡议给汉语国际教育事业带来了巨大的发展前景，在刺激对外汉语教学需求的同时，也对对外汉语教学提出了新的要求，这一情况也同样存在于核心区“一带一路”沿线国家国际汉语人才长期培养的每一个环节。

为进一步加强与“一带一路”沿线国家的教育文化交流与合作，发挥核心区独特的地缘优势，抓住机遇，把国际汉语人才培养工作提高到一个新水平，更加积极、主动地为“一带一路”沿线国家有志于学习汉语、加强双方交流的人士创造更多更好的条件，本书对服务“一带一路”的国际汉语人才培养问题做了深入研究。书中针对“一带一路”沿线国家各阶段汉语学习者的实际状况进行调查分析，根据“一带一路”沿线国家国际汉语人才学习汉语的特点，提出分领域进行以国际化专业汉语人才培养的建议，通过制定具体有效的培养策略，切实提高学习者的国际化专业汉语水平。

本书首先论述了核心区“一带一路”沿线国家国际汉语人才的培养现状及趋势；其次，通过问卷调查的方式对国际汉语人才的词汇掌握情况进行了测试及分析；再次，根据国际汉语人才的学习特点，以汉语词汇教学为切入点，按照各领域对语言的不同要求，分类探讨了时政、商贸、民俗文化、网络流行新词语、医学、司法和电商等各领域语言的词汇特点，并进行举例介绍，进而提出具体的培养策略。书中对将多种教学法融入词汇教学做了分析，列举了一些词汇教学方法，以有助于提高学生的词汇运用能力；同时，对如何将语言教学与实践相结合提出了建议，使广大汉语人才能更好地发挥语言专长，服务“一带一路”建设。

帕提曼·艾克木

2019 年 12 月

目　录

绪　论……1

第一章　核心区“一带一路”沿线国家国际汉语人才培养现状及趋势…7

第一节　核心区国际汉语人才生源构成情况……9

第二节　核心区“一带一路”沿线国家国际汉语人才培养背景……12

第三节　核心区“一带一路”沿线国家国际汉语人才培养对策……14

第二章　核心区“一带一路”沿线国家国际汉语人才词汇掌握情况的测试及分析……19

第一节　本研究的意义与缘起……21

第二节　测试及问卷调查分析……23

第三章　国际化专业汉语人才分类培养（Ⅰ）——时政领域……37

第一节　社会语言学中的领域语言变体……39

第二节　时政领域词汇分类介绍……43

第三节　时政领域国际汉语人才培养策略……46

第四章　国际化专业汉语人才分类培养（Ⅱ）——商贸领域……61

第一节　商贸领域国际汉语人才培养背景……63

第二节　商贸领域词汇分类介绍……66

第三节　商贸领域国际汉语人才培养策略……68

第五章　国际化专业汉语人才分类培养（Ⅲ）——民俗文化领域……77

第一节　民俗文化领域词汇教学概述……79

第二节　民俗文化领域词汇分类介绍……82

第三节　民俗文化领域词汇教学策略……84

第六章　国际化专业汉语人才分类培养（Ⅳ）——网络流行新词语……97

第一节　网络流行新词语在国际汉语人才培养中的作用……99

第二节　网络流行新词语的教学内容……102

第三节 网络流行新词语的教学方法……116
第七章 国际化专业汉语人才分类培养（Ⅴ）——医学领域……123
第一节 医学领域国际汉语人才培养背景……125
第二节 医学领域词汇特点分析……127
第三节 医学领域词汇教学策略……130
第八章 国际化专业汉语人才分类培养（Ⅵ）——司法领域……135
第一节 司法领域国际汉语人才培养概述……137
第二节 司法领域词汇的特点及分类……139
第三节 语义场理论在司法汉语词汇教学中的运用……145
第九章 国际化专业汉语人才分类培养（Ⅶ）——电商领域……149
第一节 电商领域国际汉语人才培养特点……151
第二节 电商领域国际汉语人才培养策略……155
第十章 国际汉语人才培养——日常生活交际用语……161
第一节 汉语日常交际用语概述……163
第二节 汉语日常交际词汇分类介绍……167
第三节 日常交际用语教学策略……170
结 语……179
参考文献……191

绪　论

语言是一种很重要、很复杂的社会现象，它随着人类社会的形成而产生，又伴随着社会的发展而变化。20世纪初，社会语言学的诞生给语言学揭开了新的篇章。从根本上来说，社会语言学关注的不是语言学的核心部分，而是语言的边缘部分——人们在日常生活中的表现，其核心问题是语言应用中的变异原理。它的主要研究对象是语言对社会的影响，即语言的社会功能，以及社会对语言的影响。

一、语言和社会的关系

语言学家布赖特（W. Bright）曾经指出，社会语言学的任务在于描述“语言和社会结构的共变”。这种“共变”是指语言和社会这两个变数互相影响、互相作用而互相引起的变化。一方面，人们通过语言进行交流，语言是信息的载体、社会交际的工具；另一方面，一个人所使用的语言往往能够反映这个人的阶级出身、社会地位、教育经历以及地域背景，即形成不同的语言变体。因此，人们运用语言进行交际，在运用过程中离不开社会，社会又赋予语言以活力。这里就语言的变体来探讨语言与社会的关系。

二、语言的变体

自然语言从本质上来说具有变异性和模糊性（徐大明 等，1997）。变异性构成了社会语言学的基础，其内涵可概括为在不同的社会集团或场合里有不同的表达方式，这些不同的表达方式就是语言的社会变体。1996年赫德森（R. A. Hudson）指出语言变体是带有类似社会分布的一组语言学项目。通俗地说，语言的变体是指语言因使用者在时间、地域、年龄、性别、社会阶层等方面的不同而出现的各种不同用法和差异。其中，根据语言使用者来划分的语言变体叫方言，根据语言使用来区分的变体可以是语域或语体。

（一）语域

语言除了与其使用者相关外，也是随着人们对其使用的变化而变化。韩礼德（Halliday）认为，“语言随其功能而变，因其场合而异”。选择与情景类型相适应的语言类型就是语域，它包括语场、语旨和语式。

1. 语场（话语范围　field of discourse）

语场是指正在进行的活动——语言活动操作的领域。它涉及交际的目的和主题事件，回答“为什么”和“关于什么”的问题。语场可以是专业的，也可是非专业的。专业语场指专业化的领域，如生物学、语言学；非专业的语场包括购物、私人信件等。语场在很大程度上决定了交际中使用的词汇及该语言的音位和语法特征。

2. 语旨（话语意旨　tenor of discourse）

语旨是指所交流的问题涉及的场合中的关系，即参与者是谁，他们彼此之间是什么关系。它回答的是“同谁”交流的问题，如课堂授课时，参与者是老师和学生，其关系是师生关系；家庭闲聊时，参与者多为家庭成员，其关系是父母与子女的关系或兄弟姐妹关系。这在很大程度上决定了使用语言的正式度和专业水平。

3. 语式（话语模型　mode of discourse）

语式主要是指交际的方式，它涉及交际是如何展开的。语式有口头和书面之分，它们之间还有更细微的区分。例如，口头语可以是即席的或是事先准备好的，书面语可以用于看或说。

这三个因素在交际中共同起作用。如一场在工科学院关于机械原理的讲座可分析如下：

语场：科学性的（机械的）

语旨：正式，礼貌（教师——学生）

语式：口头（学术讲座）

这三个变量都是情景语境的特征，它决定了与情景，即语域相适应的语言的特征。

（二）语体

语体实际是指语言变体，是语言从非正式到正式的多种语义表达形式。使用哪种语体取决于环境或情景、话题或谈话内容、谈话者及谈话者的情绪。著名语言学家马丁•朱斯（Martin Joos）把英语语体分为五种变体：演说体、正式体、商议体、随意体和亲昵体。这五种变体表示话语正式程度的五个层次，例如：

演说体：（来宾请立即顺楼梯到楼上去。）

正式体：（来宾请立即上楼。）

商议体：（请您马上上楼好吗？）

随意体：（现在你们都该上楼了。）

亲昵体：（伙计们，上楼去！）

在社会交往中，不同关系、不同场合下的说话者，在正式程度上会有差别，如亲朋之间用随意体，同事之间用商议体，向上级汇报工作用正式体，等等。语体虽然与文体风格和说话者的文化层次有一定的关系，但它主要是一种社会约定俗成，本身并无正确、错误之分，完全在于使用者是否使用得体。由此可见，语域是指人们在谈话时语言的选择，与谈话主题或内容有关，而语体是指人们在谈话中根据当时的语境选择的不同正式程度的语言，两者存在着一定的差别。

三、语言变体的社会意义

社会语言学把社会看成是一个多元的复杂结构，语言是各个元决定的网络，在语言的共时变异中往往孕育着历时的演变。而语言的变异在某种程度上反映了语言结构与社会结构之间的相互关系。

语言随着历史的发展而变化，其语言变体也会随着时间推移而变化。从社会语言学角度来观察不同的语言变体以及社会团体之间的相互影响过程等，是阐明语言与社会、语言与其使用之间关系的重要途径。此外，语言变体或某种语言在社会上享有的地位，取决于使用该语言的人和地区的社会、经济地位。因此根据各国不同的语言情况，对语言进行规范化和标准化，具有重要的社会意义。

“语言生活”作为语言规划学的一个概念，近十年来不断得到中国语言规划学界和社会语言学界的关注，其内涵和外延也逐渐丰富。2005年，国家语委开始每年一次向社会发布《中国语言生活状况报告》，由商务印书馆出版。“语言生活”的概念及相关理念通过发布会和《中国语言生活状况报告》一书持续向社会和学界传播。武汉大学主办的《长江学术》杂志，2006年第1期开始设立《语言生活热点问题》专栏，这是学界对“语言生活”的明确回应。2006年11月，江苏教育出版社出版丁帆等主编的《当代语言生活》，作为普通高中的语文选修课教材，“语言生活”的概念开始进入基础教育领域。2010 年 5 月，商务印书馆的中国语言资源开发应用中心正式创刊了电子刊物《中国语言生活》，为“语言生活”建立了一个“网络之家”。一些学术会议开始把语言生活列为讨论的专题或专题之一，一些基金组织也开始设立与语言生活相关的科研项目。近来，《中国语言生活状况报告》正在由德国国际著名出版社德古意特（Walter De Gruyter）译成英语，向世界发行，“语言生活”这一概念跨出国境。2013 年 2 月 13 日晚，在百度键入“语言生活”关键词，百度报告搜索到 1800 万条相关结果；2013 年 2 月 14 日上午，在谷歌中键入“语言生活”关键词，谷歌报告得到 15800 万个相关结果。这些情况表明，“语言生活”这一“国产”概念已经得到学界认可，并引起了社会的高度关注。

在全球化发展中，汉语的应用价值不断提升，在国际社会的地位越来越重要，“汉语热”在全球范围内日渐升温。国内外汉语教学的快速发展和学习汉语人数的急剧增加，使世界各国汉语教师严重匮乏，许多国家纷纷向我国提出了派遣汉语教师的强烈要求，汉语国际教育专业迎来了难得的发展机遇。但有学者指出，在当前汉语国际教育的新形势和学习者的多元化需求下，汉语国际教育专业在课程设置、教学实践、就业“出口”等方面还存在着制约的瓶颈。在全球“汉语热”的语境下，汉语国际教育专业如何定位，如何突出专业特色和优势，加强课程体系建设，提高实践教学与实践能力，如何培养满足国际社会需求的专业汉语人才，构建应用型人才培养模式，成为专业建设发展思考和探索的重要问题。

第一章
核心区“一带一路”沿线国家国际汉语人才培养现状及趋势

第一节　核心区国际汉语人才生源构成情况

2006年以来，在国家教育部及各地方政府的积极努力下，来华国际汉语人才的数量呈现稳步快速增长的态势，尤其是来自“一带一路”沿线国家的学习者增长迅速。在分大洲对汉语人才进行考察时，统计数据显示，2012年，核心区来自亚洲的汉语学习者为675人次，占总人数的95%以上，而其他几个大洲总计仅为32人次。这一数据说明，选择来核心区留学的多为亚洲人，特别是“一带一路”沿线国家的学习者居多，更具有参考意义的是，被授予学位的70人，全部为来自亚洲国家的学习者。

一、核心区国际汉语人才特点分析

（一）核心区国际汉语人才规模的变化

和国内发达省市相比，核心区国际汉语人才教育起步较晚，发展较慢。虽然开始于20世纪80年代中期，但是直到2005年核心区国际汉语人才的数量才出现明显突破，为1605人。根据新疆维吾尔自治区教育厅数据统计，随后的几年，国际汉语人才数量继续呈现递增的良好态势，2007年为2550余人，2008年增至3430余人，这一数量一直在稳步快速增长。2011年为5233人，2013年已达6000余人，2015年已有10000余人，2017年达到26000余人。

（二）核心区国际汉语人才的生源特点

1. 国际汉语人才的生源主要来自“一带一路”沿线国家。近年来，随着经济的发展以及我国对周边国家影响的日益扩大，“一带一路”沿线国家来华学习者的数量增长很快。从新疆维吾尔自治区教育厅2010年至2013年的数据统计来看，来自“一带一路”沿线国家的国际汉语人才成为来华国际汉语人才的主体，其中来自哈萨克斯坦和吉尔吉斯斯坦的国际汉语人才始终居第一和第二位。其他一些国家，如巴基斯坦、阿塞拜疆、印度等国来华留学的学习者数量也呈现逐年递增趋势。这些来华学习者以学习汉语为主，而来自巴基斯坦、印度等国的国际汉语人才主要学习临床医学和中医专业，也有极少数人学习农业和财经专业。

2. 非学历生是国际汉语人才的主体。国际汉语人才中的非学历生指的是语言生、普通进修生、短期生和高级进修生。根据新疆维吾尔自治区教育厅调查，2012 年非学历生为 1765 人，学历生为 786 人，非学历生是学历生的 2 倍多；2015 年非学历生为 2613 人，学历生为 818 人，非学历生是学历生的 3 倍多。非学历生在数量上已成为来华国际汉语人才的绝对主体。非学历生大部分是来华学习或者进修汉语的，他们结束汉语学习后，一部分成绩优异的学习者进入语言专业学历学位的学习阶段，其中一些品学兼优的学习者还能享受政府奖学金。此外不少语言进修生在完成语言学习，通过汉语水平考试后，会进入其他一些专业的学历学位阶段的学习。由此可见，做好非学历生的汉语学习和相关学科的培养工作，可以为扩大学历生的招生规模、提高学历生的学科素质打下良好的基础。

3. 国际汉语人才中的自费生所占比例很高。高校自主招收国际汉语人才至今，一直以自费进修的非学历生为主，自费生占到近 85%。近几年，自费留学的“一带一路”沿线国家学习者越来越多。2008 年，为了支持周边国家国际汉语人才来华学习，鼓励优秀的非学历生进入本科和研究生阶段学习，国家正式批准设立来华国际汉语人才政府奖学金。在有关政策的鼓励和支持下，学历生的比例有所增加，但是享受政府奖学金的名额毕竟有限，国际汉语人才中自费生的比例依然居多。据分析预测，国家的公费奖学金名额对西北地区会逐年增加。全国高校大部分属于地方院校，要申请国家奖学金的难度较大，同时地方政府奖学金政策的出台还需要有一个论证和修订的过程。因此，大部分高校招收的国际汉语人才还是以自费生为主。

4. 国际汉语人才以汉语学习为主，学习周期短，流动性大。“一带一路”沿线国家学习者选择来华学习汉语的目的主要有：（1）把高校作为汉语学习的培训地，经过一两年的汉语强化学习后，进入国内知名院校学习专业知识；（2）经过汉语听说能力的训练后进入高校的本科、研究生阶段学习；（3）为将来寻找工作做准备；（4）为加强某个领域的专业汉语知识，如商务汉语、医学汉语等奠定基础。

二、核心区国际汉语人才培养现状

据调查分析，核心区国际汉语人才培养现状可以总结如下。

1. 核心区“一带一路”沿线国家的汉语学习者人数增长速度较快，年平均增长 75.5%，占全国国际汉语人才的 31.8%，表现出明显增长势头。可见，随着西部地区的大开发和大发展，我国对外交流也出现了新的局面。近几年，许多国家尤其是“一带一路”沿线国家已经开始有预见地实施对应性措施，一些政府目的明确地派遣学习者来华学习汉语并研究相关的人文社会环境特点。一些大公司有计划地派遣员工，到我国国内高校学习汉语，以便将来能在相关研究中取得发言权，或者能在未来的经济发展中占领市场的一席之地。据统计，仅 2014 年一年，来自哈萨克斯坦的汉语学习者就有 1333 人，来自吉尔吉斯斯坦的有 265 人，来自塔吉克斯坦的有 126 人。可以预见，今后还会有更多的沿线国家学习者来华学习汉语。

2. 核心区各高校积极与“一带一路”沿线国家有关高校签订联合办学协议，联合办学的培养主体是本科生。可以预见，国际汉语人才的培养模式将会逐步随着社会经济的发展，尤其是对国际汉语人才的需求进一步增加而不断提升。面对越来越多的“一带一路”沿线国家汉语学习者，对外汉语教学工作者肩负着“国强语盛”的重任。

3. 招收专业及授课方式

在授课方式方面，教师通过全程汉语授课的方式大大加快了教学的进度，也加强了教学的针对性，提高了学习者学习和消化知识的质量。与此同时，这对授课教师的自身素质也提出了相当高的要求，意味着教师要有较高的专业汉语水平和汉语交流技能，才可以顺畅地进行教学活动，达到培养目标。

目前，培养国际汉语人才的高等学校，招收专业基本为汉语专业，招收医学专业学习者的学校也占相当比例，其中中医学专业招收的人数最多。

4. 国际汉语人才在高校获得学位及培养层次情况

新疆维吾尔自治区党委和政府十分重视周边国家青年学习者来高校留学的工作。20 多年来，累计接收并培养了来自 40 多个国家和地区的 10000 多名国际汉语人才。

从学历学位层次上看，来留学的国际汉语人才以接受本科学位或者培训教育为主，而接受硕士、博士学位教育的学习者所占比例极低。仅从2010年的学位获取率看，核心区高校国际汉语人才毕（结）业生总数共计707人次，但被授予学位的仅为70人次，本科毕业的国际汉语人才共计87人次，而硕士毕业的仅为1人次，博士则为0人次。其中女性的学位获取率仅为汉语人才总人数的2%，为获取学位人数的7%。数据充分表明，国际汉语人才的学位获取率较低，且存在着明显的性别差异。

第二节　核心区“一带一路”沿线国家国际汉语人才培养背景

近些年来，随着国际汉语教学地位的逐步提升，越来越多的国际汉语教师把教学的重点转到了词汇、语法等方面，并试图采用各种教学策略来提高汉语学习者的水平。但是由于汉语学习的独立性和复杂性，以及汉语学习者的个体差异因素等影响，使得很多汉语学习者在学习汉语时依旧不得要领，运用时常常生搬硬套，词不达意。我们针对核心区“一带一路”沿线国家各阶段学习者的实际状况进行调查分析，以切实提高学习者的专业汉语水平，培养国际化专业汉语人才为目的。

国际汉语人才教育受宏观的、复杂的国际形势，派遣国和接收国的政治、经济、文化、双边关系等影响。同时，教育规律表明，高校在吸引国际汉语人才方面的核心竞争力，同科学合理的国际汉语人才教育发展模式的建立有着直接关系。因而，“一带一路”沿线国家国际汉语人才培养事业，必须在了解当前国际政治经济形势、派遣国及接收国的宏观教育政策以及国际汉语人才教育发展现状的前提下，对国际汉语人才培养模式进行深入研究，发现其中的问题和需要改进的方面，这对于提高核心区“一带一路”沿线国家国际汉语人才的教育质量有着深远的现实意义。

核心区“一带一路”国际汉语人才培养有如下优势。

（一）市场优势

近些年，我国在“一带一路”沿线国家投资明显增加，一些大型项目陆续开始建设。目前，我国与“一带一路”沿线国家的双边经贸额不断扩大，“一带一路”建设在资源存量、发展商务外贸等方面的优势是不言而喻的。具有代表性的中国—哈萨克斯坦输油管道工程于2004年9月正式动工，哈萨克斯坦等国正在酝酿修建与我国连线、经过“一带一路”沿线国家的准轨铁路。此外，仅2015年1月至7月间，核心区“一带一路”沿线国家贸易额占我国与“一带一路”沿线国家贸易额的61.3%。其中，占我国与吉尔吉斯斯坦贸易额的90.4%、与塔吉克斯坦贸易额的76.9%、与哈萨克斯坦贸易额的53.9%、与乌兹别克斯坦贸易额的28.2%、与土库曼斯坦贸易额的9.6%。“一带一路”沿线国家同我国加强经济合作无疑将有助于推动双边关系的进一步发展，这也势必成为推动“一带一路”沿线国家国际汉语人才来华学习有力的优势之一。

（二）地缘优势

核心区“一带一路”建设有着独特的地缘优势，不仅与上海合作组织（Shanghai Cooperation Organization）成员国在地理位置上最为接近，从现实角度考虑，与周边国家具备良好的区域合作条件与优势。双方在地域上的邻近性是开展区域合作的现实基础，而经济结构的互补性则成为推动双方合作持续发展的基本动力。目前，核心区与周边国家也形成了许多区域经济合作机制，如“一带一路”沿线国家区域经济合作机制，中、俄、哈、蒙古区域经济合作机制等。同时也提出了包括“一带一路”沿线国家经济圈、“一带一路”沿线国家经济一体化、“一带一路”沿线国家自由贸易区等在内的经济合作概念，对推动区域内经济合作进行了许多有益的探索与创新。这一点，为“一带一路”沿线国家国际汉语人才来华学习提供了可靠的保障。

（三）人文优势

核心区独特的人文研究对象及地域特点是“一带一路”沿线国家国际汉语人才选择来核心区学习汉语的又一原因。核心区高等教育中的一些人文社科专业在国内是独特的，国际汉语人才之所以选择来核心区学习，是因为这里有特殊的人文社科研究领域和丰富的第一手资料，可以把学习语言的过程、环境与自己的专业直接结合起来。

第三节 核心区“一带一路”沿线国家国际汉语人才培养对策

一、政府、学校、社会“三位一体”，提高国际汉语人才培养质量

提高国际汉语人才培养质量是核心区高校发展国际汉语人才培养事业的关键，是提高高校吸引国际汉语人才竞争力的途径，是发展对外友好交流关系的有机平台，是促进相互了解沟通的有效渠道。因此，应通过实现政府、学校、社会“三位一体”，全面保障国际汉语人才培养质量。首先，政府相关部门要充分认识到核心区在国际汉语人才培养方面的地缘和低成本优势，明确自身职责。除了提供政策和资金支持外，还应从宏观层面把握国际汉语人才培养的发展方向，规范和指导国际汉语人才培养环境，加大行业管理的工作力度，建立并实施国际汉语人才培养质量的评估制度。其次，高校要重视培养质量而非经济效益，要鼓励国际汉语人才攻读高层次的学位。应建设良好的校园文化，促进跨文化融合，通过讲座、交流会等形式为国际汉语人才创造良好的交流沟通环境。最后，社会相关机构应着力提高国际汉语人才的社会融合度，给予国际汉语人才心理关注。

二、整合教育资源，完善教学质量监控体系

科技的迅猛发展要求教育能够培养出“通才”，国际汉语人才培养作为高等教育的一部分也应以此为目标。这就对教师的专业素养、业务素质、知识结构和职称结构等直接影响培养质量的因素提出了较高的要求。在国际汉语人才培养中，教师的角色由知识传授者转变为交流引导者。教师应在不断更新教学内容、充实自己的知识储备、时刻走在时代和学术的前沿的同时，不断提高教学水平。高校可以发挥政策资源优势。那些享受“对

口支援”的学校可以充分利用“对口支援”中的优秀教师资源，来提高整体教学水平；没有“对口支援”支持的高校可以采取内部培养或外部培训等途径优化师资结构，提高教师队伍质量。

高校应放眼国际汉语教学面临的新形势，整合资源，发挥集成优势，建设一支成熟的教学师资队伍。教师应注重教学研究，以理论语言学为基础，运用恰当的方法，研究不同国家生源的种类、文化程度、社会习俗等因素在学习过程中的影响，以研究成果促进教学的开展。

在课程设置方面，也应发挥中华文化的优势，以语言教学为先导，拓展学科内容，着重在“一带一路”沿线国家地区特色专业方面下工夫，开设有关政治、经济、商贸、通信网络等具有特色的课程，使教学的内容从语言教学逐步向其他领域延伸，以满足“一带一路”沿线国家国际汉语人才对需求领域了解的愿望。

在教材建设方面，应充分调动教师的积极性，编写出能依循汉语语言特点及文字特色、符合语言学习规律和教学规律、能满足“一带一路”沿线国家汉语学习者需求的教材，要有针对性和适应性。

三、以汉语人才培养需求为导向，拓宽专业口径，优化学科结构

大量交叉学科、边缘学科的出现使“大学科”“宽专业”成为国际上通行的学科设置方式，而高校针对国际汉语人才设置的学科面偏窄，学科目录和专业设置仍然没有完全摆脱传统高等教育专业设置模式的影响。国际汉语人才来我国进行学习、生活的动机无非是学习我国先进的科学技术，以便归国后能为派遣国做出自己应有的贡献。教学的内容和专业是否能适应他们留学的需要是国际汉语人才在留学前必须考虑的问题。专业的选择余地越大，吸引的国际汉语人才数量就越多。政策制定者要在把握今后很长一段时期内与“一带一路”沿线各国的国际关系走势的基础上，在分析派遣国人力资源需求的情况下，在掌握教育优势专业的情况下，以国际汉语人才培养需求为导向，拓宽专业口径，优化学科结构。

针对“一带一路”沿线国家国际汉语人才学习汉语的特点，制定有效、具体的教学措施。要发展“一带一路”沿线国家国际汉语人才培养事业，

最根本的是要确保培养质量和学习效率的不断提高，这就要求我们在国际汉语人才培养领域中针对不同国家的学习者，把握主体和本体之间的关系，利用国内现有的培养经验，结合社会实际，制定有效、具体的教学措施，提高国际汉语人才培养水平。

四、政府加大资金投入力度，提升国际汉语人才教育吸引力和竞争力

政府通常通过两种方式来影响高等教育：一是财政资助；二是政策法规。对国际汉语人才培养的财政资助有两种支持路径：一种是设立多种奖学金，加大奖学金的覆盖面，使自费国际汉语人才尤其是高层次的硕士、博士研究生能够享受奖学金。也可以联合社会团体、私人企业及个人共同设立多种奖学金，鼓励国际汉语人才来学习，并建立产、学、研相结合的国际汉语人才培养制度。还可以对那些经济困难的优秀国际汉语人才提供学费减免政策，鼓励国际汉语人才攻读高层次学位。另一种是加强基础设施建设，扩大住宿面积，优化住宿条件，更新教学设施，提高教育技术利用率，建立与国际接轨的国际汉语人才教育保障机制。

五、优化汉语人才培养环境，认识语言环境的重要作用

国际汉语人才培养环境包括进行汉语教学的一切活动空间内存在的各种客观条件的总和，可分为社会环境、教学环境和服务环境。语言环境是语言资源的来源，为学习者提供必要的语言输入。我们要充分发挥语言环境在国际汉语人才培养中的巨大作用，重视汉语学习环境的作用，确保其对国际汉语人才持续的吸引力。国际汉语教学界应通过努力创造出高效优化的学习氛围和方便舒适的生活环境，使之尽可能满足不同学习者的不同学习要求。要实现社会环境特色化、教学环境的情感化与多样化、服务环境的规范化与生活化。

也应进一步加强与“一带一路”沿线国家的教育文化交流与合作，发挥独特的地缘优势，抓住机遇，把国际汉语人才培养工作提高到一个新水

平，更加积极和主动地为“一带一路”沿线国家有志于学习汉语、加强双方交流的人士创造更多更好的条件。要从国家西部大开发、我国西部地区周边环境以及的经济社会发展等方面，科学认识国际汉语人才培养的意义，立足长远，抓住机遇，迎接挑战。

第二章
核心区“一带一路”沿线国家国际汉语人才词汇掌握情况的测试及分析

第一节　本研究的意义与缘起

一、词汇教学的重要性和复杂性

多年来，词汇教学是在对语言材料的学习过程中完成的，始终处于附属的地位，没有得到应有的重视。这种情况下，由于没有系统的词汇教学，学习者不知道汉语词汇跟汉字的密切关系，学习和记忆词汇困难很大。因此，在适当的时间，或在一个特定阶段，以词汇教学为纲，遵照汉语词汇规律，按照记忆的心理规律对学习者进行系统的词汇教学是非常有必要的。

就语言的实质而言，语言说到底是由词语组合而成的，语音是词语的具体读音的综合，语法是词语的具体的用法的概括，离开了词语也就没有语言可言。（胡明扬，1997）学习语言，词汇是基础，它应当贯穿学习的始终。汉语的词汇体现了语音的结构和变化，组成语句又体现了种种语法关系，学习词汇也连带学了语音和语法。（李如龙，2005）而词汇教学的效果直接影响着国际汉语人才整体的汉语水平。国际汉语人才觉得汉语难学、难记，甚至最终放弃学习，很大程度上是因为词汇的问题。部分学者认为，对外汉语教学从总体上效率比较低的原因主要是词汇量的问题没有解决，词汇量不足是学习者进行汉语交际时遇到的最大困难。

从以上的论述中我们可以看到，词汇教学的重要性已经得到了学界广泛的认同。然而，从现实研究的角度来看，据统计，2002 年“第七届国际汉语教学讨论会”，语法研究与词汇研究论文的比例是 3∶1。而 2005 年“第八届国际汉语教学讨论会”总计 135 篇面向对外汉语教学的汉语本体及习得研究的论文中，词汇研究类仅有 33 篇。可以说，虽然很多学者认识到了词汇教学的重要性，但相关的研究工作还有待于进一步深入开展，尚没有达到应有的广度与深度。

当然，词汇教学是重要的，但也是复杂的。首先，词汇教学出现在初级、中级和高级各个阶段，在每一阶段所扮演的角色不尽相同，每一阶段对于词汇的处理原则和处理方式都有不同的侧重。初级阶段的词汇教学以单义词和高频词为主，是希望通过词汇来展现语法规则，而中高级阶段则是在掌握语法规则的基础上加深对于汉语词汇的理解，不仅表现为词汇数量的增加，也包括对于词汇所蕴含的文化信息和使用条件的进一步明确。

二、核心区“一带一路”沿线国家国际汉语人才词汇学习的特点

具有一定汉语学习经历的外国学习者已经对中国社会环境、文化传统有所了解，尤其在中高级阶段的训练上，已经不单纯像初级阶段一样，仅依靠词汇、句子的简单训练进行学习，他们开始利用成段、成篇的文章进行重点训练。学习者的基础语法知识掌握基本牢固，在词汇的使用上障碍也相对较小，接受汉语的能力也明显提高。但随着学习汉语时间的增加，学习者们的交际范围和交际需要逐渐扩大和提高了，对言语交际的质量要求也不断提高，更加希望能了解自己目前所处的社会环境、人文环境和各种文化知识，以便使自己在交际中的词汇表达更准确、生动。同时，他们对词汇的需求量也随之增加，尤其是在掌握一定构词规律之后，对了解和掌握构词成分（语素）的分解与重组、词语义项扩展技巧和其在不同组合关系中的不同义项的热情越来越高。

无论哪种语言，随着社会的不断进步发展，新词都在不断增加，汉语也是如此。核心区“一带一路”沿线国家国际汉语人才在学习一两年汉语后，希望对中国社会及文化有更多的了解，希望能将自身文化与目前所处的环境进行更好的融合，这时，他们对书籍、报纸、杂志、网络等资料的阅读量也提升了。因而，具有地方特色的本地主流媒体中多次出现的各类词汇，存在于核心区“一带一路”沿线国家国际汉语人才汉语学习的各个层面，根据已知词汇，联系未知的诸如时政类、经济类、生活类、文化类等范围的具有代表性特色词汇的学习十分必要。这是培养服务“一带一路”建设的国际化专业汉语人才的重要内容。

第二节 测试及问卷调查分析

为了解核心区“一带一路”沿线国家国际汉语人才各领域词汇的掌握情况，我们设计了以下测试。

一、试卷设计

（一）试卷内容

有关时政、商务外贸（含电子商务）、民俗文化、网络流行新词语、医学、司法、电商、日常生活交际（含交通、旅游、购物、就医等）等领域部分专业词汇。

（二）测试对象

新疆大学2015和2016级哈萨克斯坦、塔吉克斯坦、吉尔吉斯斯坦、乌兹别克斯坦、土库曼斯坦、俄罗斯、蒙古国等“一带一路”沿线国家国际汉语人才。测试对象学习阶段为一、二年级，汉语水平为初、中级。

（三）语料来源

《新疆日报》、《新疆教育报》、天山网等官方主流媒体及2008年至2016年网络词语等。

（四）试卷展示（部分试题，部分试卷）

测试共发放试卷300份，回收276份，有效试卷258份，参测人数276人。以下为其中有代表性的10份试卷卷面。

试卷示例1：

姓名 Kyzmbat　　　　国籍 吉尔吉斯斯坦

性别 女　　　　年龄 22

单项选择。请您从A.B.C.D中选择您认为正确的答案。

1.唱响“十八大”颂歌，绽放“__D__”的诗篇。(《新疆日报》2013年5月1日)
A. 中华梦　B. 祖国梦　C. 国家梦　D. 中国梦

2.伊犁是新疆最大的__B__，也是新疆的生态屏障。(《新疆日报》2012年2月1日)
A. 绿色　B. 绿地　C. 绿洲　D. 绿草

3. 做好“__C__”期间安全生产工作。(《新疆日报》2013年1月1日)
A. 双节　B. 两节　C. 过年　D. 过节

4.全国政协举行新年“__C__”。(《新疆日报》2013年1月2日)
A. 茶会　B. 茶话会　C. 话会　D. 喝茶会

5.库车县一批__A__工程竣工投入使用。(《新疆日报》2012年2月1日)
A. 民众　B. 民生　C. 人民　D. 群众

6.新时期，__K__斗争形势依然严峻。(《新疆日报》2013年1月1日)
A. 腐败　B. 倡廉　C. 反浪费　D. 反腐败

7.无论是富裕梦，成功梦，还是__C__，强国梦，复兴梦，所梦所想，百年一脉，靠实干兴邦。(《新疆日报》2013年1月1日)
A. 小康　B. 健康　C. 小康梦　D. 健康梦

8.中俄两国都经历了重要的国内政治日程，分别制定了国家发展振兴的宏伟__D__。(《新疆日报》2013年1月1日)
A. 绿图　B. 黄图　C. 红图　D. 蓝图

9.我们将进一步凝聚全区各族群众的智慧和力量，认真贯彻落实党的十八大，中央经济工作会议和__A__新疆工作座谈会精神。(《新疆日报》2013年1月1日)
A. 中国共产党　B. 中共中央　C. 中共　D. 共产党

10 近年来，一些不法分子无视法律法规，将罪恶的“__A__”伸向了公益林区。(《新疆日报》2013年2月1日)
A. 黑脸　B. 黑脚　C. 黑手　D. 黑户

11.当日，由乌鲁木齐市二宫街道文明办牵头的“__B__”行动全面启动。(《新疆日报》2013年2月1日)
A. 硬盘　B. 光盘　C. 盘子　D. 软盘

试卷示例 2：

姓名 Aizada 国籍 吉尔吉斯斯坦

性别 女 年龄 25

单项选择。请您从 A.B.C.D 中选择您认为正确的答案。

1. 唱响"十八大"颂歌，绽放"__D__"的诗篇。(《新疆日报》2013 年 5 月 1 日)

A. 中华梦 B. 祖国梦 C. 国家梦 D. 中国梦

2. 伊犁是新疆最大的__C__，也是新疆的生态屏障。(《新疆日报》2012 年 2 月 1 日)

A. 绿色 B. 绿地 C. 绿洲 D. 绿草

3. 做好"__B__"期间安全生产工作。(《新疆日报》2013 年 1 月 1 日)

A. 双节 B. 两节 C. 过年 D. 过节

4. 全国政协举行新年"__D__"。(《新疆日报》2013 年 1 月 2 日)

A. 茶会 B. 茶话会 C. 话会 D. 喝茶会

5. 库车县一批__C__工程竣工投入使用。(《新疆日报》2012 年 2 月 1 日)

A. 民众 B. 民生 C. 人民 D. 群众

6. 新时期，__B__斗争形势依然严峻。(《新疆日报》2013 年 1 月 1 日)

A. 腐败 B. 倡廉 C. 反浪费 D. 反腐败

7. 无论是富裕梦，成功梦，还是__D__，强国梦，复兴梦，所梦所想，百年一脉，靠实干兴邦。(《新疆日报》2013 年 1 月 1 日)

A. 小康 B. 健康 C. 小康梦 D. 健康梦

8. 中俄两国都经历了重要的国内政治日程，分别制定了国家发展振兴的宏伟__B__。(《新疆日报》2013 年 1 月 1 日)

A. 绿图 B. 黄图 C. 红图 D. 蓝图

9. 我们将进一步凝聚全区各族群众的智慧和力量，认真贯彻落实党的十八大，中央经济工作会议和__A__新疆工作座谈会精神。(《新疆日报》2013 年 1 月 1 日)

A. 中国共产党 B. 中共中央 C. 中共 D. 共产党

10 近年来，一些不法分子无视法律法规，将罪恶的"__D__"伸向了公益林区。(《新疆日报》2013 年 2 月 1 日)

A. 黑脸 B. 黑脚 C. 黑手 D. 黑户

11. 当日，由乌鲁木齐市二宫街道文明办牵头的"__B__"行动全面启动。(《新疆日报》2013 年 2 月 1 日)

A. 硬盘 B. 光盘 C. 盘子 D. 软盘

试卷示例 3：

姓名 卡林娜　　　　国籍 俄罗斯

性别 女　　　　年龄 23

单项选择。请您从 A.B.C.D 中选择您认为正确的答案。

1. 唱响"十八大"颂歌，绽放 "________" 的诗篇。(《新疆日报》2013 年 5 月 1 日)
A. 中华梦　　B. 祖国梦　　C. 国家梦　　D. 中国梦

2. 伊犁是新疆最大的________，也是新疆的生态屏障。(《新疆日报》2012 年 2 月 1 日)
A. 绿色　　B. 绿地　　C. 绿洲　　D. 绿草

3. 做好"________"期间安全生产工作。(《新疆日报》2013 年 1 月 1 日)
A. 双节　　B. 两节　　C. 过年　　D. 过节

4. 全国政协举行新年"________"。(《新疆日报》2013 年 1 月 2 日)
A. 茶会　　B. 茶话会　　C. 话会　　D. 喝茶会

5. 库车县一批________工程竣工投入使用。(《新疆日报》2012 年 2 月 1 日)
A. 民众　　B. 民生　　C. 人民　　D. 群众

6. 新时期，________斗争形势依然严峻。(《新疆日报》2013 年 1 月 1 日)
A. 腐败　　B. 倡廉　　C. 反浪费　　D. 反腐败

7. 无论是富裕梦，成功梦，还是________，强国梦，复兴梦，所梦所想，百年一脉，靠实干兴邦。(《新疆日报》2013 年 1 月 1 日)
A. 小康　　B. 健康　　C. 小康梦　　D. 健康梦

8. 中俄两国都经历了重要的国内政治日程，分别制定了国家发展振兴的宏伟________。(《新疆日报》2013 年 1 月 1 日)
A. 绿图　　B. 黄图　　C. 红图　　D. 蓝图

9. 我们将进一步凝聚全区各族群众的智慧和力量，认真贯彻落实党的十八大，中央经济工作会议和________新疆工作座谈会精神。(《新疆日报》2013 年 1 月 1 日)
A. 中国共产党　　B. 中共中央　　C. 中共　　D. 共产党

10 近年来，一些不法分子无视法律法规，将罪恶的 "________" 伸向了公益林区。(《新疆日报》2013 年 2 月 1 日)
A. 黑脸　　B. 黑脚　　C. 黑手　　D. 黑户

11. 当日，由乌鲁木齐市二宫街道文明办牵头的 "________" 行动全面启动。(《新疆日报》2013 年 2 月 1 日)
A. 硬盘　　B. 光盘　　C. 盘子　　D. 软盘

试卷示例 4：

姓名 巴特图鲁格　　　　国籍 蒙古国

性别 男　　　　年龄 19岁

单项选择。请您从 A.B.C.D 中选择您认为正确的答案。

1. 唱响“十八大”颂歌，绽放 “________”的诗篇。（《新疆日报》2013 年 5 月 1 日）
A. 中华梦　B. 祖国梦　C. 国家梦　D. 中国梦 ✓

2. 伊犁是新疆最大的________，也是新疆的生态屏障。（《新疆日报》2012 年 2 月 1 日）
A. 绿色　B. 绿地　C. 绿洲 ✓　D. 绿草

3. 做好“________”期间安全生产工作。（《新疆日报》2013 年 1 月 1 日）
A. 双节　B. 两节　C. 过年 ✓　D. 过节

4. 全国政协举行新年“________”。（《新疆日报》2013 年 1 月 2 日）
A. 茶会 ✓　B. 茶话会　C. 话会　D. 喝茶会

5. 库车县一批________工程竣工投入使用。（《新疆日报》2012 年 2 月 1 日）
A. 民众　B. 民生　C. 人民　D. 群众 ✓

6. 新时期，________斗争形势依然严峻。（《新疆日报》2013 年 1 月 1 日）
A. 腐败　B. 倡廉　C. 反浪费 ✓　D. 反腐败

7. 无论是富裕梦，成功梦，还是________，强国梦，复兴梦，所梦所想，百年一脉，靠实干兴邦。（《新疆日报》2013 年 1 月 1 日）
A. 小康　B. 健康 ✓　C. 小康梦　D. 健康梦

8. 中俄两国都经历了重要的国内政治日程，分别制定了国家发展振兴的宏伟________。（《新疆日报》2013 年 1 月 1 日）
A. 绿图　B. 黄图　C. 红图 ✓　D. 蓝图

9. 我们将进一步凝聚全区各族群众的智慧和力量，认真贯彻落实党的十八大，中央经济工作会议和________新疆工作座谈会精神。（《新疆日报》2013 年 1 月 1 日）
A. 中国共产党 ✓　B. 中共中央　C. 中共　D. 共产党

10 近年来，一些不法分子无视法律法规，将罪恶的 “________”伸向了公益林区。（《新疆日报》2013 年 2 月 1 日）
A. 黑脸　B. 黑脚　C. 黑手 ✓　D. 黑户

11. 当日，由乌鲁木齐市二宫街道文明办牵头的 “________”行动全面启动。（《新疆日报》2013 年 2 月 1 日）
A. 硬盘　B. 光盘 ✓　C. 盘子　D. 软盘

试卷示例 5：

姓名 阿布勒　　国籍 乌兹别克斯坦

性别 男　　年龄 17

单项选择。请您从 A.B.C.D 中选择您认为正确的答案。

1. 唱响“十八大”颂歌，绽放“________”的诗篇。（《新疆日报》2013 年 5 月 1 日）
A. 中华梦　B. 祖国梦　C. 国家梦　D. 中国梦

2. 伊犁是新疆最大的________，也是新疆的生态屏障。（《新疆日报》2012 年 2 月 1 日）
A. 绿色　B. 绿地　C. 绿洲　D. 绿草

3. 做好“________”期间安全生产工作。（《新疆日报》2013 年 1 月 1 日）
A. 双节　B. 两节　C. 过年　D. 过节

4. 全国政协举行新年“________”。（《新疆日报》2013 年 1 月 2 日）
A. 茶会　B. 茶话会　C. 话会　D. 喝茶会

5. 库车县一批________工程竣工投入使用。（《新疆日报》2012 年 2 月 1 日）
A. 民众　B. 民生　C. 人民　D. 群众

6. 新时期，________斗争形势依然严峻。（《新疆日报》2013 年 1 月 1 日）
A. 腐败　B. 倡廉　C. 反浪费　D. 反腐败

7. 无论是富裕梦，成功梦，还是________，强国梦，复兴梦，所梦所想，百年一脉，靠实干兴邦。（《新疆日报》2013 年 1 月 1 日）
A. 小康　B. 健康　C. 小康梦　D. 健康梦

8. 中俄两国都经历了重要的国内政治日程，分别制定了国家发展振兴的宏伟________。（《新疆日报》2013 年 1 月 1 日）
A. 绿图　B. 黄图　C. 红图　D. 蓝图

9. 我们将进一步凝聚全区各族群众的智慧和力量，认真贯彻落实党的十八大，中央经济工作会议和________新疆工作座谈会精神。（《新疆日报》2013 年 1 月 1 日）
A. 中国共产党　B. 中共中央　C. 中共　D. 共产党

10 近年来，一些不法分子无视法律法规，将罪恶的“________”伸向了公益林区。（《新疆日报》2013 年 2 月 1 日）
A. 黑脸　B. 黑脚　C. 黑手　D. 黑户

11. 当日，由乌鲁木齐市二宫街道文明办牵头的“________”行动全面启动。（《新疆日报》2013 年 2 月 1 日）
A. 硬盘　B. 光盘　C. 盘子　D. 软盘

试卷示例6：

姓名 迪阿娜　　　　国籍 土库曼斯坦

性别 女　　　　年龄 28

单项选择。请您从A.B.C.D中选择您认为正确的答案。

1. 唱响“十八大”颂歌，绽放“___a___”的诗篇。(《新疆日报》2013年5月1日)
A. 中华梦　B. 祖国梦　C. 国家梦　D. 中国梦

2. 伊犁是新疆最大的___C___，也是新疆的生态屏障。(《新疆日报》2012年2月1日)
A. 绿色　B. 绿地　C. 绿洲　D. 绿草

3. 做好“___b___”期间安全生产工作。(《新疆日报》2013年1月1日)
A. 双节　B. 两节　C. 过年　D. 过节

4. 全国政协举行新年“___D___”。(《新疆日报》2013年1月2日)
A. 茶会　B. 茶话会　C. 话会　D. 喝茶会

5. 库车县一批___a___工程竣工投入使用。(《新疆日报》2012年2月1日)
A. 民众　B. 民生　C. 人民　D. 群众

6. 新时期，___b___斗争形势依然严峻。(《新疆日报》2013年1月1日)
A. 腐败　B. 倡廉　C. 反浪费　D. 反腐败

7. 无论是富裕梦，成功梦，还是___D___，强国梦，复兴梦，所梦所想，百年一脉，靠实干兴邦。(《新疆日报》2013年1月1日)
A. 小康　B. 健康　C. 小康梦　D. 健康梦

8. 中俄两国都经历了重要的国内政治日程，分别制定了国家发展振兴的宏伟______。(《新疆日报》2013年1月1日)
A. 绿图　B. 黄图　C. 红图　D. 蓝图

9. 我们将进一步凝聚全区各族群众的智慧和力量，认真贯彻落实党的十八大，中央经济工作会议和___b___新疆工作座谈会精神。(《新疆日报》2013年1月1日)
A. 中国共产党　B. 中共中央　C. 中共　D. 共产党

10 近年来，一些不法分子无视法律法规，将罪恶的“___C___”伸向了公益林区。(《新疆日报》2013年2月1日)
A. 黑脸　B. 黑脚　C. 黑手　D. 黑户

11. 当日，由乌鲁木齐市二宫街道文明办牵头的“___c___”行动全面启动。(《新疆日报》2013年2月1日)
A. 硬盘　B. 光盘　C. 盘子　D. 软盘

试卷示例 7：

姓名 ___自米达___　　国籍 ___塔吉克斯坦___

性别 ___女___　　年龄 ___23___

单项选择。请您从 A.B.C.D 中选择您认为正确的答案。

1. 唱响"十八大"颂歌，绽放"___D___"的诗篇。(《新疆日报》2013 年 5 月 1 日)
A. 中华梦　B. 祖国梦　C. 国家梦　D. 中国梦

2. 伊犁是新疆最大的___C___，也是新疆的生态屏障。(《新疆日报》2012 年 2 月 1 日)
A. 绿色　B. 绿地　C. 绿洲　D. 绿草

3. 做好"___A___"期间安全生产工作。(《新疆日报》2013 年 1 月 1 日)
A. 双节　B. 两节　C. 过年　D. 过节

4. 全国政协举行新年"___B___"。(《新疆日报》2013 年 1 月 2 日)
A. 茶会　B. 茶话会　C. 话会　D. 喝茶会

5. 库车县一批___B___工程竣工投入使用。(《新疆日报》2012 年 2 月 1 日)
A. 民众　B. 民生　C. 人民　D. 群众

6. 新时期，___D___斗争形势依然严峻。(《新疆日报》2013 年 1 月 1 日)
A. 腐败　B. 倡廉　C. 反浪费　D. 反腐败

7. 无论是富裕梦，成功梦，还是___C___，强国梦，复兴梦，所梦所想，百年一脉，靠实干兴邦。(《新疆日报》2013 年 1 月 1 日)
A. 小康　B. 健康　C. 小康梦　D. 健康梦

8. 中俄两国都经历了重要的国内政治日程，分别制定了国家发展振兴的宏伟___D___。(《新疆日报》2013 年 1 月 1 日)
A. 绿图　B. 黄图　C. 红图　D. 蓝图

9. 我们将进一步凝聚全区各族群众的智慧和力量，认真贯彻落实党的十八大，中央经济工作会议和________新疆工作座谈会精神。(《新疆日报》2013 年 1 月 1 日)
A. 中国共产党　(B.) 中共中央　C. 中共　D. 共产党

10 近年来，一些不法分子无视法律法规，将罪恶的"________"伸向了公益林区。(《新疆日报》2013 年 2 月 1 日)
A. 黑脸　B. 黑脚　(C.) 黑手　D. 黑户

11. 当日，由乌鲁木齐市二宫街道文明办牵头的"________"行动全面启动。(《新疆日报》2013 年 2 月 1 日)
A. 硬盘　(B.) 光盘　C. 盘子　D. 软盘

试卷示例8：

姓名 Dorsonkhoja　　　　国籍 Tajikisba

性别 男　　　　年龄 23岁

单项选择。请您从A.B.C.D中选择您认为正确的答案。

1. 唱响“十八大”颂歌，绽放“__D__”的诗篇。（《新疆日报》2013年5月1日）
A. 中华梦　B. 祖国梦　C. 国家梦　D. 中国梦

2. 伊犁是新疆最大的______，也是新疆的生态屏障。（《新疆日报》2012年2月1日）
A. 绿色　B. 绿地　C. 绿洲　D. 绿草

3. 做好“______”期间安全生产工作。（《新疆日报》2013年1月1日）
A. 双节　B 两节　C. 过年　D. 过节

4. 全国政协举行新年“______”。（《新疆日报》2013年1月2日）
A. 茶会　B. 茶话会　C. 话会　D. 喝茶会

5. 库车县一批______工程竣工投入使用。（《新疆日报》2012年2月1日）
A. 民众　B. 民生　C. 人民　D. 群众

6. 新时期，______斗争形势依然严峻。（《新疆日报》2013年1月1日）
A. 腐败　B. 倡廉　C. 反浪费　D. 反腐败

7. 无论是富裕梦，成功梦，还是______，强国梦，复兴梦，所梦所想，百年一脉，靠实干兴邦。（《新疆日报》2013年1月1日）
A. 小康　B. 健康　C. 小康梦　D. 健康梦

8. 中俄两国都经历了重要的国内政治日程，分别制定了国家发展振兴的宏伟______。（《新疆日报》2013年1月1日）
A. 绿图　B. 黄图　C. 红图　D. 蓝图

9. 我们将进一步凝聚全区各族群众的智慧和力量，认真贯彻落实党的十八大，中央经济工作会议和______新疆工作座谈会精神。（《新疆日报》2013年1月1日）
A. 中国共产党　B. 中共中央　C. 中共　D. 共产党

10 近年来，一些不法分子无视法律法规，将罪恶的“______”伸向了公益林区。（《新疆日报》2013年2月1日）
A. 黑脸　B. 黑脚　C. 黑手　D. 黑户

11. 当日，由乌鲁木齐市二宫街道文明办牵头的“______”行动全面启动。（《新疆日报》2013年2月1日）
A. 硬盘　B. 光盘　C. 盘子　D. 软盘

试卷示例 9：

姓名 Akinshina Zaetna 扎丽娜　　国籍 哈萨克斯坦

性别 女　　年龄 19

单项选择。请您从 A.B.C.D 中选择您认为正确的答案。

1. 唱响“十八大”颂歌，绽放“________”的诗篇。（《新疆日报》2013 年 5 月 1 日）
A. 中华梦　B. 祖国梦　Ⓒ 国家梦　D. 中国梦

2. 伊犁是新疆最大的________，也是新疆的生态屏障。（《新疆日报》2012 年 2 月 1 日）
A. 绿色　Ⓑ 绿地　C. 绿洲　D. 绿草

3. 做好“________”期间安全生产工作。（《新疆日报》2013 年 1 月 1 日）
A. 双节　B. 两节　Ⓒ 过年　D. 过节

4. 全国政协举行新年“________”。（《新疆日报》2013 年 1 月 2 日）
A. 茶会　Ⓑ 茶话会　C. 话会　D. 喝茶会

5. 库车县一批________工程竣工投入使用。（《新疆日报》2012 年 2 月 1 日）
A. 民众　Ⓑ 民生　C. 人民　D. 群众

6. 新时期，________斗争形势依然严峻。（《新疆日报》2013 年 1 月 1 日）
A. 腐败　B. 倡廉　Ⓒ 反浪费　D. 反腐败

7. 无论是富裕梦，成功梦，还是________，强国梦，复兴梦，所梦所想，百年一脉，靠实干兴邦。（《新疆日报》2013 年 1 月 1 日）
Ⓐ 小康　B. 健康　C. 小康梦　D. 健康梦

8. 中俄两国都经历了重要的国内政治日程，分别制定了国家发展振兴的宏伟________。（《新疆日报》2013 年 1 月 1 日）
A. 绿图　B. 黄图　Ⓒ 红图　D. 蓝图

9. 我们将进一步凝聚全区各族群众的智慧和力量，认真贯彻落实党的十八大，中央经济工作会议和________新疆工作座谈会精神。（《新疆日报》2013 年 1 月 1 日）
A. 中国共产党　Ⓑ 中共中央　C. 中共　D. 共产党

10 近年来，一些不法分子无视法律法规，将罪恶的“________”伸向了公益林区。（《新疆日报》2013 年 2 月 1 日）
Ⓐ 黑脸　B. 黑脚　C. 黑手　D. 黑户

11. 当日，由乌鲁木齐市二宫街道文明办牵头的“________”行动全面启动。（《新疆日报》2013 年 2 月 1 日）
A. 硬盘　Ⓑ 光盘　C. 盘子　D. 软盘

试卷示例10：

姓名 Saudanbayeva Rinata　　国籍 Kazakhstan

性别 女　　年龄 21

单项选择。请您从A.B.C.D中选择您认为正确的答案。

1. 唱响“十八大”颂歌，绽放“________”的诗篇。(《新疆日报》2013年5月1日)
A. 中华梦　B. 祖国梦　C. 国家梦　D. 中国梦

2. 伊犁是新疆最大的________，也是新疆的生态屏障。(《新疆日报》2012年2月1日)
A. 绿色　B. 绿地　C. 绿洲　D. 绿草

3. 做好“________”期间安全生产工作。(《新疆日报》2013年1月1日)
A. 双节　B. 两节　C. 过年　D. 过节

4. 全国政协举行新年“________”。(《新疆日报》2013年1月2日)
A. 茶会　B. 茶话会　C. 话会　D. 喝茶会

5. 库车县一批________工程竣工投入使用。(《新疆日报》2012年2月1日)
A. 民众　B. 民生　C. 人民　D. 群众

6. 新时期，________斗争形势依然严峻。(《新疆日报》2013年1月1日)
A. 腐败　B. 倡廉　C. 反浪费　D. 反腐败

7. 无论是富裕梦，成功梦，还是________，强国梦，复兴梦，所梦所想，百年一脉，靠实干兴邦。(《新疆日报》2013年1月1日)
A. 小康　B. 健康　C. 小康梦　D. 健康梦

8. 中俄两国都经历了重要的国内政治日程，分别制定了国家发展振兴的宏伟________。(《新疆日报》2013年1月1日)
A. 绿图　B. 黄图　C. 红图　D. 蓝图

9. 我们将进一步凝聚全区各族群众的智慧和力量，认真贯彻落实党的十八大，中央经济工作会议和________新疆工作座谈会精神。(《新疆日报》2013年1月1日)
A. 中国共产党　B. 中共中央　C. 中共　D. 共产党

10 近年来，一些不法分子无视法律法规，将罪恶的“________”伸向了公益林区。(《新疆日报》2013年2月1日)
A. 黑脸　B. 黑脚　C. 黑手　D. 黑户

11. 当日，由乌鲁木齐市二宫街道文明办牵头的“________”行动全面启动。(《新疆日报》2013年2月1日)
A. 硬盘　B. 光盘　C. 盘子　D. 软盘

二、测试结果统计分析

我们对国际汉语人才在汉语各领域词汇掌握情况的测试结果分析见表 2-1。

表 2-1　各领域测试结果分析表

领域分类	时事政治类	商务外贸类	民俗文化类	日常生活交际类	网络流行新词语类	医学类	司法类
试题总数	30	30	30	30	30	30	30
正确率/%	19.9	27.3	45.5	61.1	42.7	21.7	17.3

对所测试的汉语词汇内容，被测试者有一定的了解和掌握，在此情况下进行第一次汉语词汇的测试，所得成绩统计见表 2-2。

表 2-2　第一次汉语词汇测试成绩统计表

分数段	60 分以下	60～70 分	70～80 分	80～90 分
人数	2	12	38	8
比例/%	3.3	20	63.3	1.33

注：本次测试平均成绩为 73.67 分。

经过一个寒假后，返回学校的第一周，我们对以上学习者进行了第二次汉语词汇测试。测试内容仍为部分主流媒体上的词汇，测试形式与上学期期末相同，对测试结果统计见表 2-3。

表 2-3　第二次汉语词汇测试成绩统计表

分数段	60 分以下	60～70 分	70～80 分	80～90 分
人数	9	38	12	1
比例/%	15	63.3	20	1.6

注：本次测试平均成绩为 65.8 分。

词汇测试后，我们对被测试的国际汉语人才进行了问卷调查，70%被试的人在寒假期间没有以任何形式接触汉语方面的知识，27%的被试人对相关内容有少量的接触，形式只限于汉语原声影视作品或是汉语原声动漫作品，3%的被试人在寒假期间阅读过汉语资料（其中包括汉语教科书），也看过汉语原声影视作品或是汉语原声动漫作品。其中关于词汇记忆程度调查显示，90%的被试人认为其对汉语原声影视作品中经常反复出现的汉语词汇记忆深刻，30%的被试人对玩过的汉语原声游戏中出现的汉语词汇记忆深刻，并且在其再次出现时有较高的敏感度，80%的被试人认为，与日常生活或文化不相关的词汇比较难记忆，并且容易忘记。

经过分析，我们总结出词汇教学中值得深思的几点。

1. 在测试中指导学习者理解汉语词汇，对于了解其学习汉语的情况，找准影响汉语学习的因素，提高教学效率具有重要的意义。经过认真分析学习者试卷，仔细统计错误题型和知识点，我们发现失分原因大多集中在不能正确使用汉语词汇上。为深入查找问题产生的原因，我们积极与学习者交流。学习者反映，上课听懂了却不能答对题，觉得会了在考试中却发现头脑中不能顺利再现，导致思维停滞或影响做题速度。学习者的回答从侧面反映出我们在教学中存在的对各类汉语词汇教学落实不到位的问题。

2. 提高学习者的参与能力，对学习者进行词汇学习方法指导，提高词汇理解能力是国际汉语人才学习汉语词汇的重要途径。长期形成的“教师讲、学习者听”的教学模式依然根深蒂固，实现国际汉语人才全面掌握汉语各类词汇的目标，需要学习者的参与，师生联动，共同提高。

3. 学习者掌握词汇的速度和数量，跟学习者的努力程度有密切的关系，跟老师的教学方法也有密切的关系。进行词汇教学既要让学习者理解词义和掌握用法，又要教会学习者学习词汇的方法，培养记忆词汇的能力，以便用最短的时间获得最好的教学效果。下面章节将从社会语言学的视角对国际汉语人才的汉语词汇教学进行分类，根据国际汉语人才词汇学习需求的特点、国际汉语人才词汇使用中暴露出的问题以及汉语词汇自身的特点，提出培养国际化专业汉语人才的策略。

第三章

国际化专业汉语人才分类培养（I）

——时政领域

第一节　社会语言学中的领域语言变体

领域语言变体也叫领域用语，是指不同的职业、专业、爱好、政治集团等有各自的领域术语或一些特殊的用语，也就是俗语中的行话和术语。官方主流媒体及网站作为汇集各领域语言变体的极佳载体，对国际汉语人才课外学习汉语有着很大的影响。这些媒体语言是学习汉语词汇的重要来源，这些词汇不仅传达了焦点信息，同时还具有鲜明的时代特色与地方特色。

真实的语言存在于一定的语言环境之中。语言研究有两种路向：一是抛弃语境而使语言“纯化”，研究语言的超语境属性，语言本体研究即是这种研究路向；二是在一定的语境中研究语言，或者研究一定语境中的语言。不同的语境实际代表着不同的交际领域或社会领域，因此第二种研究路向，可以称为“领域语言研究”。不同领域对语言有不同要求，有需要解决的特殊的语言问题，有些领域甚至需要专门的语言政策，因此不同领域中的语言也必然会有不同的特点。譬如文学语言、科技语言、新闻语言、广告语言、法律语言、公文语言、网络语言，再细而言之，文学语言中的小说语言、诗歌语言、散文语言等等，在运用语言材料和表达方式上都各有其特点。研究各领域对语言的不同要求，研究各领域语言的特点，研究一些领域中的语言问题和语言政策，不仅可以丰富语言学自身，而且可以健康社会语言生活，解决与语言相关的社会问题，推进社会发展。开展领域语言研究，反映了语言研究服务社会的“现实化”新趋向，也表现了语言学家对社会的关注，履行语言学这一不应推卸的社会责任。（李宇明　等，2004）

一、国家语言资源监测与研究中心主流媒体年度词语发布

1. 我们以 2007 年至 2017 年十年的年度词汇为本研究的词汇来源，整理汇总国家语言资源监测与研究中心、北京语言大学、中国传媒大学、华

中师范大学、中国新闻技术工作者联合会、中国中文信息学会联合发布的“年度中国新闻主流媒体十大流行语”，其语料来源为以下几种：多家主流报纸语料库，有声媒体语言分中心、多家电视台、广播电台的有声语料库以及网络媒体语言分中心门户网站的网络新闻。

2. 由国家语言资源监测与研究中心、商务印书馆等机构联合主办的汉语年度字词评选活动，即“汉语盘点”，自 2006 年至 2015 年已举办十届。后与“年度媒体十大流行语”联合发布。

表 3-1 2007—2017 年度媒体十大流行语

年份	十大流行语
2007	十七大、嫦娥一号、民生、香港回归十周年、CPI（居民消费价格指数）上涨、廉租房、奥运火炬手、基民、中日关系、全球气候变化
2008	北京奥运、金融危机、志愿者、汶川大地震、神七、改革开放 30 周年、三聚氰胺、降息、扩大内需、粮食安全
2009	新中国成立 60 周年、落实科学发展观、甲流、奥巴马、气候变化、全运会、G20 峰会、灾后恢复重建、打黑、新医改方案
2010	地震、上海世博会、广州亚运会、高铁、低碳、微博、货币战、“嫦娥”二号、“十二五”规划、给力
2011	中国共产党建党 90 周年、“十二五”开局、文化强国、食品安全、交会对接、日本大地震、欧债危机、利比亚局势、乔布斯、德班气候大会
2012	十八大、钓鱼岛、美丽中国、伦敦奥运、学雷锋、神九、实体经济、大选年、叙利亚危机、正能量
2013	三中全会、全面深化改革、斯诺登、中国梦、自贸区、防空识别区、曼德拉、土豪、雾霾、嫦娥三号
2014	依法治国、失联、北京 APEC、埃博拉、一带一路、巴西世界杯、沪港通、“占中”、国家公祭日、嫦娥五号
2015	抗战胜利 70 周年、互联网+、难民、亚投行、习马会、巴黎恐怖袭击事件、屠呦呦、四个全面、大众创业 万众创新、互联互通 共享共治
2016	长征精神、两学一做、杭州 G20 峰会、南海、里约奥运会、脱欧、美国大选、亲信干政、天宫二号、阿尔法围棋
2017	十九大、新时代、共享、雄安新区、金砖国家、人工智能、人类命运共同体、天舟一号、撸起袖子加油干、“不忘初心，牢记使命”

3. 中国主流媒体流行语及地方权威媒体词汇，真实记录和反映了我国

社会与国际社会的年度轨迹，客观地映照了时代发展中发生的诸多社会现象。诚然，发布的流行语等并不能反映中国社会状况的全貌，但是通过这些词汇，国际汉语人才能够了解到中国社会各层面的信号，在学习汉语、扩大词汇量的同时，满足其理解中国政治、经济、文化特色等中国当今社会生活整体面貌的需求，同时，也符合全方位培养专业国际汉语人才的教学要求。

二、主流媒体各年度时政词语发布情况

1. 国内时政类流行语

钓鱼岛　驻京办　“小金库”治理　执行力
走转改　正“四风”　公平正义　滨海新区
打黑除恶　特区扩容　党内法规　八项规定
稳定物价　三公经费　海上阅兵　社会法庭
防灾减灾日　科学发展观　新型城镇化　人民陪审团
人民调解法　包容性增长　雨雪冰冻灾害　政府信息公开
“打四黑除四害”　专题民主生活会　“老虎、苍蝇”一起打
辛亥革命一百周年　第六次人口普查　流失海外文物
刘少奇诞辰 110 周年　党的群众路线教育实践活动
加强和创新社会管理　西藏百万农奴解放纪念日

2. 国家制度政策类

一国两制　三个代表　以人为本　政企分开
依法治国　民主集中制

3. 时代口号活动类

小康社会　光盘行动　双拥　中国梦
大部制　与时俱进　党务公开　和谐社会
反腐倡廉　星火计划　爱国统一战线
保持党员先进性教育　和平共处五项原则
社会主义荣辱观

4. 党和国家的缔造类

（1）改革开放 30 周年专题

邓小平	经济特区	一国两制
家庭联产承包责任制	西部大开发	经济体制改革
中国特色社会主义	十一届三中全会	发展是硬道理
全面建设小康社会		

（2）中华人民共和国成立 60 周年专题

阅兵村	光立方	彩车
"双百"人物	联欢晚会	《复兴之路》
国庆安保	国庆阅兵	空中梯队
民族团结柱		

（3）中国共产党建党 90 周年专题

"七一"重要讲话	唱红歌	学党史
伟大历程	《建党伟业》	共产党人
红色经典	理论创新	红军小学
红色记忆		

5. 数字政策与专门词汇

"三农"问题	八项主张	"九五"计划
"十五"计划	十六大	三八红旗手
十一届三中全会	两会	
第十五届中央委员会		

6. 国际时事类流行语

窃听丑闻	"9 • 11"十周年	英国王室婚礼
泰国洪灾	英国大罢工	福岛核泄漏
"魔鬼交易员"	挪威爆炸枪击案	开城事件
泰国局势	台风"海燕"	韩亚空难
波士顿爆炸案	美政府"关门"	底特律破产
穆尔西下台	撒切尔夫人逝世	

7. 国际时政类

美联储	中法关系	奥巴马当选
索马里海盗	亚欧首脑会议	达沃斯论坛
二十国集团首脑峰会	他信	卢武铉

护航编队	洪都拉斯	朝鲜核试验
诺贝尔和平奖	《里斯本条约》生效	红衫军
菅直人	朝韩关系	维和警察
超级细菌	维基解密	沙门氏菌

我们根据以上收集汇总、分类整理的汉语词汇，设计出与时政媒体类相链接的测试试题30道，测试答对率为19.9%，在被测词汇类型中的准确率位居倒数第一。这反映出来自“一带一路”沿线国家国际汉语人才对中国及当前体制、政策的陌生，同时也再次明确区分了与“一带一路”沿线大部分国家国情的差异，我们在汉语词汇课堂教学中需介绍中国国情，并将“一带一路”沿线国家的时政类词汇进行比较讲解。

第二节　时政领域词汇分类介绍

我们在谷歌、百度、360等门户网站综合搜索了2007年至2017年内的时政类词汇，以下为出现频率最高的词汇汇总（按首字拼音音序排列），反映出具有中国特色的常见时政类词汇。

A

爱国民主人士	爱国统一战线	爱国主义精神
安居乐业		

B

霸权主义	百花齐放	百家争鸣

C

参政议政	长期共存	长治久安
促进共同发展	促进社会全面进步	

D

多元化	多元社会	多党合作
党的建设	党的先进性	邓小平理论
党和国家前途命运	党的基本理论、路线和纲领	

F

丰富民主形式　富强、民主、文明

G

国务院　改革开放　高度自治
革命老区　根本利益　改革发展稳定
官僚主义作风　高举邓小平理论伟大旗帜

H

和平统一　和谐并存　和平统一谈判
恢复两岸对话　弘扬时代主旋律

J

基层民主　集体主义　计划生育
加入“世贸”　简政放权　讲求实效
解放思想　居委会　军民团结
军政团结　基础设施工程　精神文明建设
家庭联产承包责任制

K

开拓创新　科教兴国　可持续发展

L

理论创新　立党之本　廉洁高效
廉政建设　两岸关系　路线
老三届

M

民兵　民主法制　民主管理
毛泽东思想　民主集中制

N

内政外交国防　农村扶贫开发　农村税费改革

Q

侨胞　区域性组织　全国人大代表
全国政协　全面建成小康社会

R

人大　人大代表　人民政协

人民民主专政

S

三权分立　社会保障体系　社会主义事业

思想道德建设　社会主义初级阶段

省、市（地）两级地方政府

T

台湾同胞　贪污腐败　推进西部大开发

W

微调　温饱工程　物质文明和精神文明

X

新民主主义　现代化建设　“先发制人”战略

香港、澳门特别行政区　香港和澳门回归祖国

Y

依法治国　以德治国　拥军优属

与时俱进　以爱国主义为核心

Z

政府干预　政府机构　政事分开

政治体制　执政为民　职能交叉

指导思想　中共中央　中华文明

中央纪委　中央政府　组织监督

中央统战部　中央委员会　政协委员会

直辖市　中西部地区　政府特殊津贴

政治协商制度　中共中央委员会

中国特色社会主义事业　中华民族伟大复兴

第三节 时政领域国际汉语人才培养策略

在语言教学中，怎样运用语言学理论来指导国际汉语人才培养、提高培养水平，在对外汉语界一直是大家关心并且深入探讨的问题。如果将语言学理论的分支——语义学运用得当，虽然不能解决所有国际汉语人才在学习汉语中存在的问题，但就提高培养的科学性，帮助学习者正确理解和掌握汉语，提高学习者认知、运用和欣赏汉语的能力等方面还是大有裨益的。

时政类词汇是我们在国际汉语教学中最难讲解的部分之一，也是学习者特别是初、中级汉语水平的学习者，较难理解和把握的内容。时政类词汇的教学难点在于要紧密联系中国社会背景及当前时事政策，解释其意义，强调其作用。与讲解具体词语相比，区别主要体现在对中国特色意义的时政类词汇的教学上。学习者容易掌握表示具体事物的词，而不容易掌握那些表示时政领域概念的，与其国家制度、政策法规、社会理念有区别的，不能形象化的词语。因此，在时政类词汇的教学过程中，将词语的本义与相关的中国社会情况相链接进行解读是必要且有效的培养策略。

一、语义学培养策略

（一）义项解释

就语言学而论，语义学一般是对“意义”的研究。词作为语言符号系统的一个单位，不是孤立的。词与词之间存在着上下位关系、同义关系、反义关系等。教学中，学习者每学一个生词，特别是实词，教师适时为他们揭示词与词之间的语义关系，可以帮助他们有效地扩大词汇量。

词语解释就是将所要讲授的词语的意义和用法向学习者加以描述。解释词语的手段分为解释词义的手段和解释用法的手段。词的用法包括词的语法功能和特点、词在句中的位置、词的语境意义、词的搭配、词的使用范围等。这里以时政类词汇教学为例，介绍词语解释的几种技巧。

1. 在讲解时政类词语的意义时，先给学习者解释这些词语的字面意思，之后结合备课时查阅工具书和利用网络工具搜集的关于这些词语的信息举例讲解。例如，在讲解十大流行语中的“科学发展观”“民主生活会”等词时，应联系国家政治体制、词语流行原因，再结合例句讲解。

例 1：学习贯彻科学发展观，要全面领会科学发展观的精神实质。

例 2：党员领导干部召开了民主生活会。

例 1 中的“科学发展观”是时任中共中央总书记胡锦涛在 2003 年 7 月 28 日的讲话中提出的，是党的重大战略思想，在中国共产党第十七次全国代表大会上写入党章，成为中国共产党的指导思想之一。

例 2 中的“民主生活会”是指党员领导干部召开的旨在开展批评与自我批评的组织活动。民主生活会制度是中国共产党在长期的革命和建设实践中形成的优良作风，是增强党的生机与活力的一大法宝。

2. 较具有典型意义的国家制度政策类词汇，如“民主集中制”“一国两制”“以人为本”“依法治国”的课堂解读应结合我国各项体制，并且与国际汉语人才派遣国的政策进行比较，加以详尽解释。例如：

例 3：中国共产党为完成祖国统一大业，解决历史遗留的台湾、香港、澳门等领土问题，大胆地提出了“一个国家，两种制度”，即“一国两制”的创造性构想。

例 4：民主集中制的贯彻执行，大大提高了服务业局党委班子科学决策的能力和执政水平。

例 5：中国教育改革要注重以人为本。

例 6：发展社会主义政治文明迫切要求全面推进依法治国。

例 3 中的“一国两制”，指的是“一个国家，两种制度”，是邓小平为了实现祖国统一的目标而提出的创造性构想，是我国政府在台湾问题上的主要方针，也是对香港和澳门两个特别行政区所采用的制度。

例 4 中的“民主集中制”是由俄国社会民主工党（布尔什维克前身）首先提出并实行的一种制度，意思是国家机构不采取权力互相制约原则，而是由书记主持工作，各委员集体研究制定部署、决定、规定和要求，并把它贯彻落实到系统各部门的工作中。民主集中制是在民主基础上的集中和集中指导下的民主相结合的制度，是马克思列宁主义政党、社会主义国家机关和人民团体的组织原则。

例 5 中的“以人为本”，是科学发展观的核心，是中国共产党坚持全心全意为人民服务的党的根本宗旨的体现。“坚持以人为本”，是中国共产党十六届三中全会上提出的一个新要求。

例 6 中的“依法治国”就是依照体现人民意志和社会发展规律的法律治理国家，而不是依照个人意志、主张治理国家；要求国家的政治、经济运作、社会各方面的活动统统依照法律进行，而不受任何个人意志的干预、阻碍或破坏。简而言之，依法治国就是依照法律来治理国家。它是治国之本，是党领导人民治理国家的基本方略，是发展社会主义市场经济的客观需要，也是社会进步的重要标志，还是国家长治久安的重要保障。

3. 具有时代特征的一些时政类词汇，如“中国梦”“社会主义和谐社会”“反腐倡廉”“光盘行动”等，则需要从实际出发，向国际汉语人才介绍其在当代中国所起的社会作用及意义。例如：

例 7：中国梦是每个中国人的梦，是人民幸福之梦；中国梦是国家富强之梦，是中华民族伟大复兴之梦。

例 8：反腐倡廉是加强我党的先进性建设的重要方面。

例 9：加入“光盘行动”，节约从我做起。

例 7 中的“中国梦”，是中国共产党召开第十八次全国代表大会以来，习近平总书记所提出的重要指导思想和重要执政理念，正式提出于 2012 年 11 月 29 日。习总书记把“中国梦”解释为“实现中华民族伟大复兴，就是中华民族近代以来最伟大的梦想”，并且表示这个梦“一定能实现”。“中国梦”的核心目标可以概括为“两个一百年”的奋斗目标，也就是到 2021 年中国共产党成立 100 周年和 2049 年中华人民共和国成立 100 周年时，逐步并最终顺利实现中华民族伟大复兴，具体表现是国家富强、民族振兴、人民幸福，实现途径是走有中国特色的社会主义道路、坚持中国特色社会主义理论体系、弘扬民族精神、凝聚中国力量，实施手段是政治、经济、文化、社会、生态文明五位一体建设。

例 8 中的“反腐倡廉”，亦称“惩腐倡廉”。即反对腐败，倡导廉政。它是政治伦理学术语，属政治道德范畴，是廉政建设的基本内容，也是思想道德建设的集中体现。要廉政就必须反腐，而反腐才能廉政，古今中外概莫能外。中国共产党历来坚持“反腐倡廉”，尤其在经济体制转型的改革开放时期，更是把“反腐倡廉”作为党风廉政建设的行动纲领。

例 9 中的“光盘行动”倡导厉行节约，反对铺张浪费，带动大家珍惜粮食、吃光盘子中的食物，得到从中央到民众的支持，成为 2013 年十大热词、网络热度词汇、最知名公益品牌之一。“光盘行动”由一群热心公益的人发起，2013 年 1 月 16 日于北京正式启动，全国媒体和民众、餐厅和院校等纷纷响应，全国“两会”、国际媒体和联合国均参与支持。“光盘行动”的宗旨是：餐厅不多打、食堂不多打、厨房不多做。活动旨在使人们养成生活中珍惜粮食、厉行节约、反对浪费的习惯，而不要只是一场行动；同时，也不只是在餐厅吃饭应打包，而是应该按需点菜，在食堂按需打饭，在家按需做饭。“光盘行动”试图提醒与告诫人们：饥饿感距离我们并不遥远，即便时至今日，尊重粮食仍是需要被奉行的传统美德之一。

4. 问题分析

因国家体制不同，汉语时政类词汇很容易让汉语学习者产生误解，对于初、中级阶段的汉语学习者来说，他们在学习和理解词汇时一般都从感性认识的角度出发，只是简单根据字面意思来理解和领悟词语的意思，但他们并不知道那样理解和使用词语有可能会造成偏误，甚至会弄出很多笑话。HSK 初、中级考试，要求学习者不仅要掌握词语的基本义，还需要掌握词语的常用义。

学习中国特色政治领域词汇时，汉语学习者不仅不理解词语意思，更谈不上在句子中具体运用，对于类似“人民民主专政”这样的词语，教师讲解起来比较困难，除了“用字面意思＋语境”法来释义以外，没有其他途径来解释，即使解释了，学习者也不明白其意思，尤其对于那些汉语水平相对较低的学习者来说，更是难上加难。因此，在讲解这个词语时，我们不得不用翻译法，虽然“人民民主专政”不是外来词，但我们还是可以大胆尝试用翻译法和详细解读的教学方法来进行词语释义。

（二）联想语义场教学策略

所谓“语义场”是一个语义系统，把相互关联的词组织起来。在课堂教学中，教师有意识地将重点词语的关系和相关语义场对学习者进行讲解，并且要求学习者在课外复习和预习时，有意识地运用工具书对其他词语做同样的学习和研究，启发他们系统地扩充自己的词汇量，可以取得很好的效果。

有些词由于语义上的联系形成了记忆中的词汇链，只要记住其中一个词，就会联想到其他词，这种成套的词汇联想所构成的语义范畴，通常被称为联想语义场。我们可以利用这种词汇链联想法帮助学习者记忆词语。例如讲授“(x)[①]人大代表”这个词时，可以启发学习者联想与其有关系的词，如“(x_1)人民代表大会”“(x_2)常务委员会”“(x_3)全国政协”“(x_4)政治协商制度”等词。讲解“(x)一国两制”这个词时，可以启发学习者联想与港澳等地有联系的词，如“(x_1)澳门特别行政区”“(x_2)香港回归”等词。

“(x)国家建设”语义场为其他政治语义场提供了基本概念框架。国家建设的理论基础就是“建设中国特色社会主义”。社会主义阶级阶段的基本路线是“领导和团结全国各族人民，以经济建设为中心，坚持四项基本原则，坚持改革开放，自力更生，艰苦创业，为把我国建设成为富强民主文明和谐美丽的社会主义现代化强国而奋斗”。这个路线所包含的术语包括：“(x_1)民主”“(x_2)文明”“(x_3)和谐”“(x_4)经济建设”“(x_5)改革开放”“(x_6)自力更生”“(x_7)四项基本原则”“(x_8)社会主义现代化强国”。这些术语都是“国家建设”语义场中的基本术语。

再如“(x)制度建设”语义场。这些术语主要是人们习惯了的那些术语，如“(x_1)党的建设”“(x_2)民主集中制”“(x_3)干部制度的建设”等。

上述语义联想法的词汇教学，能使学习者认识到，词汇学习的信息输入不是把一个个词孤立地储存在大脑中，而是把词分门别类地储存在记忆中。这种使用联想语义场的方式进行词汇记忆的方法在词汇学习中被普遍应用。遗憾的是，这种方法在汉语词汇的教学中还没有被广泛应用，有待于研究者进一步探索。

（三）结构语义学理论

结构语义学及框架语义学都是现代语义学的重要分支，它们对汉语词汇教学都有着显著的指导意义。

---

① x：本书中此符号代表与某一语义场相联系的词。

传统语义学只是单纯地研究词的语义问题，而忽略了词语之间的语义关系；而结构语义学主要研究的对象是“含蓄的”语义关系，它注重探究词与词之间的语义关系。含蓄的语义关系主要分为：上下义关系（hyponymy）、反义关系（antonymy）和相对关系（relativeness）。

（1）上下义关系又叫语义内包，指个别概念的词内包，如：

多元（上义词）{多元社会；多元体制；多元文化}（下义词）

人大（上义词）{人大代表；人大常委会}（下义词）

上义词是指同类概括词，下义词是相对具体的词。利用上下义之间的语义关系，在汉语词汇教学过程中，教师可帮助学习者通过归纳整理同类词汇来扩大词汇量。

（2）反义关系主要指词义矛盾或对立的词，例如：

民主——专政　　独裁——协商

廉洁——腐败　　复兴——衰落

利用反义关系，学习者可以在对比中掌握词汇，并提高学习兴趣。

（3）相对关系，存在于既相互对立又相互依存的一对词之间，例如：

一党专政——多党合作

上层建筑——经济基础

微观调节——宏观调控

学习者学习相对关系可以扩大词汇量，并能灵活运用词语和句型。

在汉语词汇教学过程中，教师要善于把独立的词连成网，帮助学习者找出词与词之间的关系，以利于学习者记忆。教师可利用结构语义学理论将语义关系融入教学，从而增加学习趣味，并降低学习难度。

（四）框架语义学理论

根据框架语义学理论，人类大脑中的概念可以描述一个语义框架，一个语义框架涉及不同的词汇和情形。框架语义学理论对汉语词汇教学有着很多指导性的启示。框架语义学理论认为，要理解概念系统中任何一个概念的意义，必须先了解它所适应的框架，语言理解正是将语言传递的内容与已知框架进行匹配的过程。教师以这一理论为基础指导教学，有利于帮助学习者理解并扩展词汇。由于词汇总是处在某个语义场之中，场中的词汇概念具有相似性。一个语义场就形成了一个语义框架。若先将语义框架呈现给学习者，然后在框架内讲授相关的新词汇，把这些词汇联系起来，就能让学习者脑中形成一个紧密联系的概念结构，经久不忘。

在框架语义学的理论模式中，词及短语总是属于在人的大脑中有概念映像的某个语义框架，学习者只要了解某个篇章的主题，就可以依据“主题法”从上到下来理解篇章。学习者经过多年的汉语学习，已经有了一些词汇量，因此，他们能以自己所掌握的词汇量为基础来推测同一个语义框架下的其他相关词汇的意义。词汇教学不是简单的词义解释，而是帮助学习者通过找寻词语间的联系来准确地理解、掌握以及运用它们。框架语义学理论对词汇教学具有重要意义，教师可以在其指导下巧妙而灵活地选择教学方法。

词汇教学是汉语教学中至关重要的一环，对学习者的汉语学习起着决定性的作用。但繁杂的词汇让人望而生畏，不知从何下手。教师利用结构语义学和框架语义学的理论指导汉语词汇教学，可让学习者在茫茫词海中找到路径，将分散的词汇联系在一起，帮助学习者更好地理解和记忆词汇。

（五）小结

语义学理论模式下的汉语时政类词汇教学不是一个简单的、呆板的解释词义的过程，而是一个帮助学习者理解、记忆、掌握并运用词汇的完整过程，是一个循序渐进的教学过程。教师在这个过程中不能只满足于翻译或者释义，而应该运用语义学的理论来帮助学习者准确理解、灵活运用词汇。运用语义学的相关理论来指导词汇教学，不但可以使学习者的词汇量快速扩大，而且能使国际化专业汉语人才的培养上升到新的理论高度，对国际汉语人才更好地服务“一带一路”建设具有重要的应用价值。

根据初级阶段汉语学习者学习词汇的特点，教师的词汇巩固教学可采取通用的做法，即用大量的时间，以灌输的方式全方位地带领学习者进行词汇演练，如采取反复地跟读、认读、领读、抄写、背写、连词成句等方法。这种词汇的机械模仿练习对培养刚刚接触汉语的学习者的初期语感是必需的，也是一种短期见效的好方法。但有一点需要说明的是，心理学研究证明，机械性记忆容易让人疲倦，降低人的思维活跃度，因此在对初级阶段的学习者进行词汇巩固训练时也要与克拉申（Krashen）的“输入假设理论”相结合。如可以实行“语境化”，在巩固词汇的过程中设置相应的情境，引导学习者对专业领域汉语的发展变化有真实感受，并进行交际实践，提高他们的学习积极性和活跃度。

在展示词汇的教学环节中，教师宜采取按话题排列分组展示的方法。这一方法是将词语之间意义相关、能够在同一话题中使用的词语分为一组，再按照词语之间的相关程度排列。例如，讲解收看的原中央电视台综合频道的时政类话题时，就可以将“中共中央”“中央军委”“公安部”“高级法院”等分成一组，然后再把他们按照词义相关性强弱的顺序进行排列来讲授。这种词汇的排列展示教学一方面方便学习者根据话题练习复述或对话，另一方面将生词的学习和情景运用相结合，有利于增强学习者对生词的学习兴趣，使他们产生词汇运用的成就感。

二、语用学培养策略

词是人们交际时所必需的基本语言单位。句法学研究语言的结构，语义学研究语言的意义，语用学研究语言的使用。传统的观点认为，只要汉语学习者掌握了一门汉语的语音、词汇和语法规则，能辨别和造出合乎语法规则的句子，就是掌握了该门语言。然而，在语言的交际运用中，许多汉语学习者虽然掌握了语言知识，但是由于缺乏语用知识，还是不能正确地使用汉语。正确、得体地在真实交际中使用词语在语言学习中尤其重要，它是语用能力强的表现。词汇的不同应用反映了说话者的思维差异，也表达着话语的不同意义。要做到真正理解和恰当使用一门语言，仅仅懂得构成这门语言的语音、词汇和语法是不够的，还要懂得使用这门语言的技巧，理解和掌握这门语言的语用规则。因而，在汉语词汇教学中，语用学策略的运用尤其重要。（唐芸，2000）

（一）语境策略

词汇的意义不能凭空产生，它是在语境中、在语言和社会文化因素相互影响下产生的。词汇不能脱离语境，语境对词汇又具有约束作用，同一词语在不同的语境中可能传递不同的信息。因此，要准确解读词汇的信息，只有将词汇和语境结合起来才有效果。

语言环境能够培养学习者的语言理解能力，并提高其交际表达能力。汉语中有很多词汇有多种含义，但在特定的语言环境中，词汇就有了特定的含义，如：

例 10：政策带来的工资微调，引得国企内部一片骚动。

“微调”一词在句中的意思是小幅调整，而在下面一句中的意思就不同了：

例 11：电视机搜索节目信号不好的情况下，可以选择微调使得节目效果更好。

在这一句中“微调”一词的意思也非常清晰，指对调谐电容做很小的变动。

韩礼德（Halidy）把语境分为三种：语言语境、情景语境和文化语境。这三类语境中，语言语境（或称上下文）在教学中提及较多，在此我们要强调情景语境（包括时间、空间、方式）和社会文化语境。如关于“触及”一词的例句，能很好地诠释情景语境对理解词语的作用：

例 12：这类的国际触及影响了交流与谈判的各方面。

这里的“触及”来自棒球，意思是遍触各垒，是棒球中的基本得分方式，人们常借用它比喻全面探讨某个问题。棒球文化在美国广泛普及，称其为美国“国球”也不为过。如果不了解这一情况，只从字面理解，在时政领域的汉语教学与培养中很难准确理解这一词语的意思，又如：

例 13：百花齐放的季节里，我喜欢在花园走走。

例 14：各国政坛出现百花齐放的局面。

例 15：圣诞节，各国使馆前可谓百花齐放。

以上三句中都出现“百花齐放”（原义指各种鲜花一齐开放，形容繁荣的景象）一词，但意思各不相同。根据语境，例 13 中的“百花齐放”可能指玫瑰、牡丹、百合等五颜六色的花卉竞相开放，例 14 中可能指各国政治形势积极繁荣的景象，例 15 中可能指使馆前的各种用来庆祝圣诞的装饰丰富热闹。

因此，词汇教学要和语境关联起来，尤其要重视词汇背后所隐含的意义，教师有必要引导学习者学会将词汇置于语境之中，同时关注相关背景知识、语篇意义、语境意义，从而更好地理解它们在不同的语境中所产生的变化以及延伸的意义。

（二）多媒体教学策略

在专业领域汉语教学过程中，多让学习者了解话语的真正含义，还要从很多方面入手，比如充分利用多媒体技术，组织学习者观看原版影视作品，并要求学习者改编、表演和评论这些影视作品，以达到高质量的理解。我们还可以开设相关语用课程，并可以将内容制作成电子幻灯片（PPT）的形式，以引起学习者的兴趣，使学习者掌握相关理论，利用理论去理解，并应用到学习中。

近年来随着科学技术的发展，特别是以多媒体和网络化为代表的计算机技术的飞速发展，给语言教学带来了广阔的前景。现代化教学设备的普及，特别是将多媒体计算机作为重要的教学辅助手段，极大改善了课堂内语言环境，网络技术为语言学习者创造了良好的课堂外语言环境。以功能齐全、形式多样为表现特征的多媒体技术在语言教学中发挥了一定的优势。

首先，多媒体技术可以通过视听等手段运用更加生动、逼真的语言和图像来刺激学习者的感官，以便学习者更加准确地理解和掌握所获得的信息。

其次，多媒体技术可以创造最真实、自然的语言环境。多媒体创造的语言材料视听结合、图文并茂，可以使学习者如同身临真实的语言环境中，从而潜移默化地学习语言。

显然，通过这种教学方式，学习者在学习一个词或句子的同时，也掌握了该词句的使用情境，这样做可以改变以往汉语教师只是干巴巴地讲解语法规则的状况。有了这样一个环境，学习者的汉语应用意识才能被逐渐培养起来，从而最终获得正确使用汉语交际的能力。汉语教学以培养学习者的汉语交际能力为目的，为达到此目的，教学中不仅要给学习者打下扎实的语言基础，还要培养他们使用语言的基本能力，即听、说、读、写的能力，而更为重要的是培养学习者怎样听、说、读、写的能力。因此，在教学过程中除了加强语音、语调、基本词汇和基本语法的教学外，更重要的是着重培养学习者在具体的语境下准确、得体、流利地使用语言的能力。

（三）小结

长久以来，学习者学习汉语，偏重语言的结构体系，而对词语、句子很少做动态的分析，因此尽管学习者的语音、语调较好，语法也符合规则，但在谈话或写作的时候，在语用的贴切性方面却经常出错。学习者可能只会表达自己要说的意思，却不知道特定的语境，造成语用能力较差。词汇只有放在句子中去理解才能理解得更透彻，有时甚至要通观全文。要让学习者理解、记住固定的词义是远远不够的，还要有推测词义、通观全文加以揣摩的能力，要学会在篇章中理解词义。总之，本部分概述语用学的策略，目的是要促进汉语词汇教学质量的提升，提高学习者的语用能力。语言通过学习者的认知、交际，才能变成活的语言，这方面的研究还有很大的发展空间。

通过对语言运用的正确与得体、语用知识与课堂教学以及语用能力与汉语教学等问题的讨论，我们可以看到，语用学理论对汉语教学具有重要的指导意义。在培养学习者的语言能力的同时，要注重培养他的语用能力。因此，在课堂教学中我们不仅要告诉学习者语言形式，还要说明其语用功能，并创设情境，在情境中练习语言形式，提高学习者的语用能力。此外，还要让学习者了解中外文化差异及社会价值观的不同，尽量少犯语用错误。只有注意将语言能力和语用能力的培养结合起来，汉语教学才有可能是有效的、成功的。

三、认知语言学培养策略

（一）范畴理论与词汇教学

人类思想深处都存在着“范畴化”这一重要的认知过程，当客观环境与主观认知不一致时，人类会进行“分节”（articulation）作业，即主观地将各种不同的客观事物归类为一种事物，或者对客观存在的事物进行主观的区分。就这样，人类不是将事物作为个别的存在来逐一认知的，而是根据其类似性和普遍性将大量的事物划分为小组，进行有效率的认知的。通过分节使人类获得“概念”，并根据相互关联的概念获得关于环境的整体知识。一个个的概念又被称为“范畴”，这一认知过程被称为“范畴化”。

词汇是范畴化和概念化的结果，是人们头脑中概念的凝化，是反映我们所有经验的有结构的心理表征。词义范畴是以“原型义”为中心的原型范畴。人们在范畴化和概念化的过程中，可从相同角度来认识空间、物体、事件等，也可以从不同角度来认识它们不同特征的部分，并对其进行词汇化。不同的人认知事物的角度可能是不一样的，识解（construe）世界的方式也就会存在差异，这也就解释了同样的世界、事件，每个人可能有不同的概念化方式，也就有了不同的词语表达手段。

根据认知语言学范畴理论，在词汇教学过程中，可以把词汇归类总结，形成语义网，帮助学习者学习、记忆。如可把基本词汇归纳为：动物、植物、食品、交通、服装、职业、娱乐、家庭、体育等基本范畴，每一个基本范畴下可容纳较多的相关词汇。基本范畴词汇并不局限于名词类范畴，也可以体现在动词类甚至形容词类范畴上。运用这种范畴化认识手段，可对词汇中同一家族的平行成员进行链式递推。比如，当学习者刚刚接触“一国两制”这一生词时，教师应试着去讲解“一国两制”与它的原型概念“一个中国原则”之间的关系，向学习者阐述并补充：以“一个中国原则”为核心和典型（prototype）的语义范畴（semantic categorization）当中，还有其他和“一国两制”并列的词汇。这些词的讲解都应围绕着“一国两制”这一范畴中的典型词汇展开。又如，在介绍与“中国共产党（x）”相关联的系列范畴时，可以通过介绍下位范畴词来扩充词汇，例如“党的基本理论、路线和纲领（x_1）”“党的建设（x_2）”“党的先进性（x_3）”“党和国家前途命运（x_4）”“党和国家事业（x_5）”“多党合作（x_6）”“中共中央（x_7）”“中共中央委员会（x_8）”“中国共产党第十九次全国代表大会（x_9）”等。

这样词汇之间就有了互相联系的纽带，既减轻了认知负荷，也实现了新旧知识的通达。在范畴理论的指引下，学习者无须机械记忆，只需要在后续学习中依据词汇家族特性，进行词汇量的记忆和扩充。

（二）隐喻理论与词汇教学

隐喻作为一种修辞和认知工具，可以运用到人类生活的各个领域，既可以在文学作品和日常的辩论中，又可以在科技、时政文章中见到它们的身影。可以说，隐喻无处不在，我们的生活离不开隐喻，人类的思维缺它不行。政治家喜欢使用隐喻，因而在政治领域中隐喻的使用频率很高，这也是不争的事实。在政治领域中使用的隐喻称之为政治隐喻，其研究领域涉及隐喻在政治中的作用和功能，隐喻与政治之间的相似性与认知关系，政治隐喻作为概念隐喻在不同语言中的共性与特性。（朱小安，2007）

值得一提的是，许多领袖人物都善于运用政治隐喻，如马克思的著作中就使用了许多个性化的隐喻，他曾把革命形容为“世界历史前进的火车头”。毛泽东也是娴熟运用隐喻的大师，他的“纸老虎”的隐喻至今仍被人们津津乐道，甚至在国外的许多媒体中也常常见到。

来自社会众多领域的词语也经常被用来描写政治，而且特别适合于描写政治形式。我们对主流媒体几种主要报刊的政治类文章做了调查，作为隐喻使用的词语共涉及10个领域，分别是植物、动物、天气与自然灾害、亲属关系、身体部位、医学与疾病、戏剧、交通、建筑、军事与战争。但限于篇幅，仅以其中的三个方面为例加以说明。

1. 军事与战争隐喻

例16：保守派转入了进攻。

例17：社会民主党转入防守是为了有朝一日东山再起吗？

例18：由于自由民主党也加入了宣传阵线，这样就结束了政治上的僵持阶段。

例19：我闻到了选举斗争的火药味。

2. 交通隐喻

政治隐喻的另一个喻体源于交通方面的词语。鉴于交通领域的某些特点，人们常用它描写政治路线和方针政策。如在“他是中国政治的舵手”这一句子里，“舵手”这一隐喻便源于航运。人们常用“航线”或“路线”一词形容党的方针路线，用“轨道”来形容政治的发展及前进道路。如果政治路线并不平坦，而是充满了曲折和挫折，便使用“弯曲的路线”来形象说明。鉴于“扳道岔”一词的特殊含义，人们常用它来形容政治轨道的改变。如果政治中遇到困难或做某种政策调整，便用“刹车”来比喻；如果同意某种政策，便用“开放绿灯”来形容。例如：

例20：今年政治必须转入更健康的发展轨道。

例21：他们想从党政部门那里获得开放绿灯的权利。

例22：国民政府又一次进行了急刹车。

3. 天气与自然灾害隐喻

我国报刊文章中喜欢用天气或自然灾害方面的隐喻来描述政治。鉴于气候的变化、天气的冷暖以及自然灾害等与政治的变化有着相似性，所以，气候方面的隐喻多用于表示国家之间或政党之间的关系。如果两国关系不好，就常用“霜冻”“结冰”等隐喻来表达。像“（雷的）隆隆声”“地震”“雪崩”这样的隐喻常用于表示某个较大的政治事件或政治运动。例如：

例 23：两国目前的政治气候不适合进行国事访问。

例 24：两国之间的关系被冻结了。

例 25：印度又出现了不安，从首都传来了不幸的隆隆声。即使不是一场政治地震，但人们还是本能地缩起了脑袋。

例 26：经过双方的努力，两国的关系开始阴转晴。

例 27：乍暖还寒的法美关系。

例 28：德美关系雨过天晴。

人类对周围世界的认识，是从认识自己的身体部位、从自己与周围世界打交道的经验开始的，然后逐渐扩大空间，先认识具体的事物或事件，再在这一基础上把对具体事物的认识扩大到对抽象的事物的认识上，通过具体事物的结构去认识抽象事物的结构。在这一认知过程中，概念隐喻既是这种认知过程的体现，也是实现这一认知过程的手段。具体到政治隐喻，它也是建立在共性的经验基础之上的，人类在同事物打交道的过程中，看到了两个事物之间的相似性，如交通与政治路线的联系、气候与政治变化的关系、战争与政治斗争的关系等，然后把这些事物的特点投射到对政治领域事件的描写中。当然，源于上述领域的隐喻也可以运用到其他领域，如经济、教育等，但从其特点上讲，它们更适合描写政治这一范畴，所以，从整体的使用分布来讲，它们在政治领域里的使用范围更广。

从认知的角度来分析，这种隐喻场是处于人类思维深处的概念隐喻的具体语言体现形式。这种概念隐喻及其语言体现形式具有人类思维的普遍性特点。因此，在对国际汉语人才专业领域汉语教学中，可恰当地将隐喻理论和例句引入课堂教学的环节。

对外汉语教学研究需要探讨国际汉语人才在实施汉语言语行为、习得汉语语用表达方式时的特点和倾向，分析他们产生语用偏误的原因，研究引导和纠正的有效方法。同时，汉语中每一种语用目的，每一类具体的言语行为都有多种可供选择的表达模式，这些表达模式哪些需要国际汉语人才掌握，教学的顺序是什么，都需要认真地进行研究。

第四章

国际化专业汉语人才分类培养（Ⅱ）
——商贸领域

第一节 商贸领域国际汉语人才培养背景

任何语言学习都是在特定的学习环境中进行的，在第二语言习得研究中，行为主义语言输入观认为语言输入是学习者受到的外部刺激以及相应的反馈，学习者接收到什么就输出什么，因此语言环境成了起决定作用的因素。国内外的研究成果表明，语言环境对第二语言学习有着很大的影响。这种影响具体表现在两个方面：一方面是学习者在不同的语言环境中对语言学习的要求会有所不同；另一方面是语言环境又可以决定学习者能否获得良好的运用、巩固所学语言的机会。

一般而言，语言环境大致可分为正式语言环境和非正式语言环境。正式语言环境指课堂教学方式下的语言环境，在这一环境中学习者以有意识学习语言知识、规则和形式为中心，教师通过正规的、有明确目标与计划的课堂教学，让学习者在与目的语不断接触的过程中，意识到语言中的特性和结构，并为他们提供练习语言的机会，因此在正式语言环境中，学习者对语言的学习会集中在掌握和运用语言规则上。但是正式语言环境毕竟是一种虚拟语境，向学习者输入的语料多为书面语料或教师本人的内省语料，而这种语料与社会用语和口语还有一定距离。非正式语言环境是指无人讲授的自然或接近自然的语境，在这种非正式的、无目的、无计划的社会环境中，学习者的注意力会放在交际的内容上而不是语言的形式上，学习者能够在真实的语境中接触到真正的汉语材料，获得一定的语言感知能力。虽然学习者对原始语料是否正确缺乏一定的判断，加之过度概括或母语的负迁移影响，常常会形成错误的语言规则，但他们能学到地道的语言，并能逐步形成一定的交际能力，这种学习效果是在正式语言环境中无法达到的。

由此可知，“一带一路”核心区得天独厚的边贸经济往来环境，是吸引沿线各国众多学习者来华学习汉语的重要原因，这里除了为学习者提供校内学习环境，独特的环境也是他们有效使用汉语的平台。

首先，我们从媒体中有关核心区与“一带一路”沿线各国的边贸往来的报道中得知，边境贸易成为我国对外开放的一大特色和优势，与核心区独有的地理环境有着密切联系。作为“一带一路”核心区之一的新疆，地处祖国西部边陲，与哈萨克斯坦、吉尔吉斯斯坦、俄罗斯、蒙古、巴基斯坦、印度等多国接壤，边境线长达5600多千米。第二座欧亚大陆桥，将我国与“一带一路”沿线国家紧密地连接在一起，核心区与周边国家的经贸合作具有明显的地缘、人文、市场优势。

同时，核心区也是我国对外开放的枢纽站，是我国与“一带一路”沿线国家交往的重要通道。随着上海合作组织在推进区域经济一体化方面取得的进展，已形成“沿边依桥、外引内联、东进西出、逐步向西倾斜”的全方位开放新格局。据新华网报道，自20世纪90年代实施沿边开放战略以来，核心区外贸发展极为迅速。2009年完成进出口额200亿美元，2010年达到240亿美元。2013年外贸总额达到137亿美元，居全国第15位，比上年增长50.7%，增幅位列全国第二，超过全国平均水平27个百分点。其中出口额115亿美元，进口额22亿美元，增长12.7%，占我国与“一带一路”沿线国家贸易总额的76%，“一带一路”沿线国家占我国进出口总额的82%，在“一带一路”沿线国家的贸易地位也不断上升。

第二欧亚大陆桥的建设和中哈输油管道的开通，使核心区成为亚欧腹地的交通枢纽、能源和资源合作的大通道和加工区。我国东部地区乃至全国都是核心区参与”一带一路”沿线国家次区域经济集团化的坚强后盾。核心区进口的能源和矿产品主要为满足我国其他省份的需求，出口的矿产品大多也来自我国其他省份。2015年1至7月，核心区与“一带一路”沿线国家贸易总量占我国与“一带一路”沿线国家贸易总量的61.3%。其中，占我国对吉尔吉斯斯坦的90.4%、占对塔吉克斯坦的76.9%、占对哈萨克斯坦的53.9%、占对乌兹别克斯坦的28.2%、占对土库曼斯坦的9.6%。

其次，核心区与“一带一路”沿线国家及周边国家技术合作的领域十分广阔，其潜力主要体现在以下五个方面。一是矿产资源开发，主要为能源、金属和非金属类矿产的勘探、开采及综合加工。能源主要指石油天然气和煤炭等矿产，金属包括黑色金属和有色金属，非金属类主要包括化工原料非金属矿、建筑材料非金属矿等。二是制造业，主要是机械电子、建材、轻纺、民用品、食品等。三是农业，主要是经济作物、粮食作物及畜禽良种引进与选育、品种与种子审定、良种繁育与推广、机械化规模种植和养殖等。四是服务业，主要涉及交通运输、邮电通信、医药卫生、旅游、科技教育等。五是高新技术，主要包括俄语系统的软件开发、信息自动化控制、电信服务、生物技术等。

再次，在贸易关系迅速发展的同时，核心区与“一带一路”沿线国家间的投资合作也在不断加强。目前，我国在“一带一路”沿线国家注册的且实际运作的中资企业有500多家。与此同时，“一带一路”沿线国家在我国的直接投资也在增加，金额大约为1000万美元，主要集中于核心区，投资领域涉及皮革、建材、食品、汽车维修、商贸等。此外，我国对“一带一路”沿线国家的工程承包方面也有较大发展。

目前，核心区拥有一类口岸17个，二类口岸12个，拥有国家级经济开发区、高新技术产业开发区、加工贸易区4个，并与世界170多个国家和地区建立了经贸往来关系。随着核心区对外经贸事业的快速发展，对外开放的硬、软环境日益改善，核心区已成为我国西进“一带一路”沿线国家的主要枢纽站和加强对“一带一路”沿线国家经贸合作的前沿。

最后，除了地缘优势以外，核心区还有优越的宜农气候优势、矿产资源优势及旅游资源优势。核心区的边境贸易经过不断实践，以哈萨克斯坦、吉尔吉斯斯坦、俄罗斯为中心的边贸市场格局初步形成，边贸方式更趋多元化，包括边境小额贸易、易货贸易、现汇贸易、旅游购物、“三来一补”、寄售、租赁、劳务输出、工程承包等。在经济技术合作方面还出现了带料境外加工、援外项目等。随着对边贸企业体制改革的逐步深入，核心区初步建立了现代企业组织机制、管理机制和经营机制。一大批非国有经济企业参与边贸活动，增强了边贸企业活力和生命力，使核心区的边贸沿着健康有序的轨道发展。

在这样的背景下，为适应“一带一路”沿线国家学习汉语的需求，将商务外贸领域汉语词汇的教学引入汉语课堂教学中，十分必要。

第二节　商贸领域词汇分类介绍

商贸活动是国家和人民生活的重要组成部分，记录商贸活动的词汇在整个汉语词汇中占有重要的地位。对汉语商贸活动类词汇进行历时和共时的全面考察，是汉语词汇史研究中一项必不可少的内容。本节全面、系统地考察了汉语商贸活动类词汇的面貌，依照国际贸易、价格条件、交货情况、贸易方式等分类，并在第三节举例说明商贸领域专业汉语人才培养的具体策略。

一、国际贸易

出口信贷	出口津贴	商品倾销	外汇倾销
优惠关税	保税	仓库	贸易顺差
贸易逆差	进口配额制	自由贸易区	对外贸易值
国际贸易值	普遍优惠制	最惠国待遇	

二、价格条件

运费	单价	净价	总值
折扣	装运	金额	关税
回佣	批发价	零售价	码头费
卸货费	印花税	含佣价	港口税
卸货港	目的港	进口许可证	现货价格
期货价格	出口许可证	现行价格（时价）	
国际市场价格	离岸价（船上交货价）		

成本加运费价（离岸加运费价）　到岸价（成本加运费、保险费价）

三、交货情况

交货	提货	装运	装船

班轮	驳船	交货时间	定程租船
装运期限	立即装运	即期装运	定期租船
托运租船	陆运收据	空运提单	正本提单
选择港（任意港选港费）		允许分批装船	报关人
收货人			

四、交易磋商、合同签订

订单	订货	订购	电复
实盘	递盘	还盘	速复
交易磋商	不受约束	业务洽谈	有效期限
购货合同	需经我方最后确认		销售合同
购货确认书	销售确认书	一般交易条件	以未售出为准
递实盘参考价	发盘（发价）	发实盘	询盘（询价）
指示性价格			

五、贸易方式

拍卖	寄售	招标	投标
包销	专营权	总代理人	代理协议
累计佣金	补偿贸易	来料加工	来料装配
独家经营	代理协议	独家代理	

六、品质条件

品质	原样	规格	复样
说明标准	封样货号	样品	对等样品
花色（搭配）	参考样品	商品目录	宣传小册
代表性样品	大路货（良好平均品质）		

七、商检仲裁

索赔	争议	仲裁	罚金
条款	不可抗力	仲裁庭	产地证明书

品质检验证书　　重量检验证书

八、数量条件

个数	净重	容积	体积
皮重	毛重		

九、外汇

外汇	法定硬通货	法定升值	间接标价
贬值	外币	软通货	国际收支
通货膨胀	浮动	汇率	铸币
平价	纸币	制度	直接标价
卖出汇率	固定汇率	金本位制度汇率	
黄金输送点	国际货币基金	黄金外汇储备汇率	
波动的官定上下限			

十、其他

信用证	托收	记账	汇付
信汇	电汇	票汇	现付
免费	付款	交单	承付
交单	银行本票	现金支付	现金支票

第三节　商贸领域国际汉语人才培养策略

一、语义学培养策略

语义学包括的课题十分广泛，研究语义学的视角也相当多，氛围较活跃。汉语教师也在不断丰富自己的理论知识，语义学的诸多理论已逐步为更多的教师所接受和掌握。在对“一带一路”沿线国家国际汉语人才的教学中尝试以语义学的某些理论为指导强化教学，可使教师的讲解更加积极，更加有效。

（一）结构框架语义理论

在课堂教学中，应有意识地将重点词汇的上下义关系、同义关系和反义关系讲给学习者，要求学习者在课外复习和预习时，有意识地运用参考书去对其他词汇做同样的学习和研究，启发他们系统地扩充自己的词汇量，以获得更好的学习效果。下面我们就联系教学实际，来具体谈谈结构框架语义理论在商务外贸类词汇教学中的运用。

1. 上下义关系的词汇教学

根据语义学相关理论，词汇可以在一个共同概念的支配下汇集在一起，在这个共同概念下，能起概括意义作用的词属上义词，受其支配的词属下义词。我们可以根据这一理论进行词汇教学，如讲授“品质条件”这个表示类概念的上义词时，可引申出受其支配的下义词。

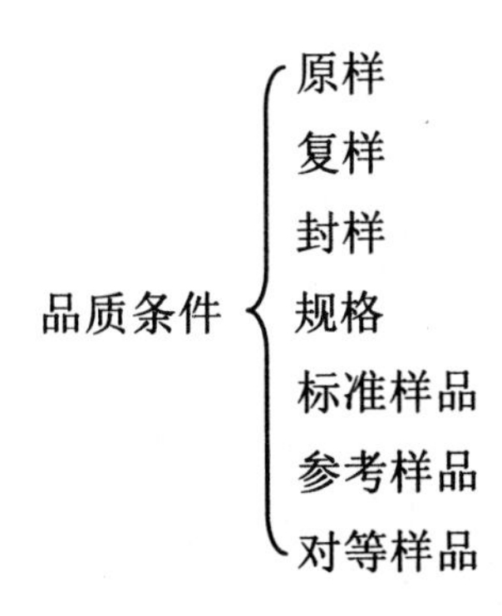

这种教学方法，可以使学习者既能学会生词，又能复习已经学过的词，还能了解词与词之间的上下义关系。

2. 同义关系的词汇

在语义学中，两个或几个不同的词项具有相同（或相近）的含义，被称作同义词，它们之间的关系就是同义关系。在汉语词汇教学中可以利用此关系记忆词汇。如在讲授“询价”一词时，可启发学习者联想出其同义词“询盘”“问价”等，鼓励学习者将同义词联系在一起记忆。在词汇教学过程中，还应该帮助学习者分析同义词之间的语义差异。如在讲授“售出”时，应告诉学习者“抛售”这个词表示的是处理货物的状态，讲解它和其他词的区别。通过这种方法，可以使学习者的语言表达方式更多样。

3. 反义关系的词汇教学

词义矛盾或相反的词称为反义词，它们之间的关系就是反义关系。在词汇教学中，应指导学习者采用反义联想的方法来扩大自己的词汇量。可以说，使用反义联想也是词汇教学的一种有效手段。如在讲授“进口”“批发”“降价”等词时，可以让学习者说出与这些词词义矛盾或相反的词，如：“进口—出口”“批发—零售”“降价—涨价”。

使用反义联想的教学方法时，我们还应该提醒学习者，有些词语搭配是约定俗成的，不能随意改变其搭配关系。例如，我们在讲授“法定贬值”“直接标价”等词语时，可引申出其对应的反义词语，如：“法定贬值—人为贬值”“直接标价—间接标价”。

这里就不能像其他词语那样直接对应得到反义词。这种词汇教学方法，能够使学习者在扩大、丰富词汇量的同时，还能使其学会反义词的正确用法。

（二）关联场理论

关联理论由斯珀波（Sperber）与威尔逊（Wilson）在《关联性：交际与认知》中提出，以关联性概念和关联原则为基础分析言语交际中的话语理论。关联原则包括：认知原则，即人类的认知倾向于与最大程度的关联性相吻合；交际原则，即每一个话语（或推理交际的其他行为）都应设想为话语或行为本身具备最佳的关联性。在关联理论中，关联性被看作是输入到认知过程中的话语、思想、行为、情景等的一种特性。在讲解重点词汇之前，教师可以在备课过程中对某个词的语义聚合体进行勾勒和整理，同时还应考虑该词与其他词组合的可能性，运用关联场理论进行教学。

在对高级阶段国际汉语人才的教学中，这个准备过程的必要性和科学性体现在词汇和课文的讲解中，教师能突出知识重点。譬如，在高级国际汉语人才班讲解“交易磋商”一词时，教师可以自然地提到学习者已经知道的其他与商务外贸有关的词汇，再适当加两至三个学习者不了解的新词。在讲解“自由贸易”一词时，又可启发学习者，请他们讲出“关税”“订单”“出口”分别是什么意思。这虽说是极为一般、常见的教学手段，但教师如果能以聚合关系和组合关系理论做指导，合理安排教学进程，加之用汉语连贯地讲解，突出讲解过程中的交际性，就会形成十分生动的解释过程，达到通俗易懂，避免含糊、歧义的目的。

（三）句子语义结构的理论

在汉语教学中，句子语义结构的理论同样可以为我们提供可借鉴的思路。句子语义结构的核心范畴是：（1）主体动作的施事者或状态的负荷者；（2）客体动作所涉及、状态所面向的广义事物；（3）述语性特征体现为最广义的“动作”或“状态”。在语段中，句子语义结构的体现是比较确定与具体的。教师不必过多地用抽象的理论分散学习者的注意力，可以自然地将学习者的注意力引向述语性特征及语义结构的其他核心范畴。这类讲解活动有助于教师用连贯性的语言有条不紊地讲解某一段落或超句统一体中的主体的状态或所实施的行为，使学习者能较快地理清思路。以下面一段文本为例。

> 在开展对外贸易往来时，很多中小型企业与个人因不了解或不熟悉贸易操作流程而受到种种制约，或者在签订外贸合同时因不了解贸易规则与贸易风险而需要有专业公司协助完成相关商务活动，这时候，进出口代理公司可以帮助委托人在贸易中顺利通行。（《乌鲁木齐晚报》，2010 年 3 月 6 日）

教师在讲解过程中可以用连贯的话语，在连续的讲解中可依赖语境，将已解释过的内容与要讲的内容自然地衔接起来。如讲解上述语段时，教师可以让学习者设想对外贸易的全过程，并启发学习者的创造性思维，激发他们的学习兴趣，同时使刚刚讲过的内容（词、句）得到复现，帮助他们记住新词、新义、新句型。应当指出的是，讲解语段的一个关键因素是教师的连贯话语。高年级实践课教师如果能认真备课、精心设计教学步骤，连贯地引导课文解析过程，就会获得理想的结果；反之，如果教师的讲解缺乏连贯性或衔接不好，教学的交际性就会减弱。

二、语用学的培养对策与模式

随着时间的推移和语言水平的提高，学习者第二语言学习中“习得”的成分越来越大，而“学习”的成分就越来越少。中级阶段汉语综合课要努力克服“人工性”所带来的缺憾，使之接近自然语言。教师要逐步强化交际训练，实现课堂教学交际化，尽量向真实的客观世界过渡。在这个过程中，把握词汇的使用语境、词汇的使用对象和交际对象就成为这个阶段词汇学习的重要内容。

语用学在探讨语用的可教性和可学性问题上对汉语语用教学研究具有启示意义。教师需要深入探讨的问题包括：语用教学内容的确定、语用教学目标的设定、语用教学的顺序、课堂语用教学的引导和对策、语用实践教学环节的安排、不同类型学习者的教学对策等，同时还要探讨教材编写中语用内容处理的方法与原则。在教学对策与模式的探讨中我们特别要重视语境理论的问题。

应引导学习者有效地利用语境因素，在真实的社交环境中培养自己的语用能力。重视课堂语用知识的输入与真实社会情景中语用实践的有机结合，重视语用实践训练的应对性和科学性。在这些基础上形成能体现汉语语用能力培养特点的、行之有效的语用教学模式。

1. 创设语境导出新词汇

经验证明，脱离语境的词汇教学是枯燥乏味的，也是低效的。因此，在开始一个新单元的学习时，可以根据单元主题，并结合现实生活和学习者兴趣，通过网络资源、多媒体技术，教师讲述、提问等方式创设语境，或将目标词汇通过一定的情景和上下文引出，或让学习者通过“头脑风暴”的方式，列出与预设情景相关的词汇，鼓励学习者发散思维，开拓想象力，同时增强其参与学习的积极性。最后，教师可进行扩展和补充，为单元主题学习做好词汇储备。

2. 利用语境扩充词汇

对外汉语课文以实用和内容丰富为特点，很好地利用课文中的词汇，可以收到事半功倍的效果。如教师可以利用课文的主题，以课文中的词汇为基础，通过联想列举出表示同义、反义、近义和上下义关系的词语，帮助学习者形成记忆中的词汇联想网络。如讲到“订货”一词时，可以给出同根的“订购”“订单”两个词，并提供如下例句：

“订购货物，今天到港，订货人请核实订单。”

学习者通过材料了解这三个词的词义及用法，还可以在语境中了解目标词与其他词的搭配关系以及与其他词、句搭配所产生的意义，其他如“有效期限”“业务洽谈”“折价处理”等。

3. 让学习者编简单情景故事，运用、巩固词汇

词汇学习有两个环节，一是理解、记忆，二是使用。学习者的问题是学完词汇后使用机会少，因而在运用时不能激活记忆中的相关词汇知识，导致词汇的应用能力欠缺。因此，词汇教学应注意输入与输出相结合，重视第二个环节，变换不同的方式为学习者提供语言输出的机会。如教师通过创设语境或预设话题，让学习者编故事，在这个过程中要求学习者至少用一个单元学到的 5 个词语组成语篇，然后学习者分小组通过口头或书面形式交流，教师予以指导，以此让学习者在一定的语境中运用和巩固所学词汇。

三、认知的概念隐喻培养策略

商务外贸语篇里也存在着大量隐喻性的词汇，这些词汇的语义建构是基于概念隐喻的认知机制的，我们试从空间隐喻、实体隐喻和结构隐喻三个方面来解释这些词汇的语义建构方式。让他们对商务外贸词汇语义建构的理解有助于国际汉语人才正确理解商务外贸语篇，让他们更好地把握国际经济动态，减少跨文化交际中的误解。

根据始源域的不同，概念隐喻可分为三大类：空间隐喻（spatial metaphors）、实体隐喻（ontological metaphors）和结构隐喻（structural metaphors）。接下来将从这三方面来讨论商务外贸汉语词汇的语义建构。

1. 空间隐喻

在商务汉语词汇里，由空间概念隐喻进行意义建构的词汇比比皆是，它利用的是人们在物理世界所熟悉的空气中上下的运动来解释某些经济变量的增加或减少，使其更直观、更形象、更生动。

（1）人体隐喻。经济被视为像人一样的有机体，有生老病死，也有喜怒哀乐，并会呈现出有机体的各种活动方式，经济类刊物的撰稿人常常将“人的身体”的模式投射到“经济状况”的目标域来解释经济现象。因此，在商务外贸语篇里就有了如下的词汇及其语义建构，如“婴幼儿”喻指事物发展的初期，“晕眩”喻指市场的不安、疑虑，“严重受伤”喻指经济受

到严重打击，“跛行”“蹒跚而行”喻指生意不顺，“婚姻”喻指两家公司的联合或合并，“离婚”喻指两家公司的分离等。人体概念结构中的血缘关系也被映射到了经济领域，用来表示经济组织间的所有权关系，如“母公司”“姊妹公司”“子公司”等。

（2）植物隐喻。植物的生长过程常用于映射经济的萌芽、繁荣、没落或衰亡等发展阶段。因此，在商务外贸语篇里就有了以下这些词汇，例如，“草根经济”喻指弱势群体的经济，如民营经济、私营经济；“雨后春笋”喻指生意红火、迅速发展或快速增长。

2. 实体隐喻

实体隐喻是把行为、思想、感情等看作实体或物质的隐喻。实体隐喻能够帮助我们对抽象的事物进行指认、归类和量化。商务外贸词汇，特别是一些经济术语往往是一些很难理解的抽象概念，对于普通读者而言，要构建其语义，就必须借助实体隐喻。例如，“水（x）”在人们日常生活中不可或缺，人们对水的直接体验是水可以置于容器中，可以流进、流出，会聚集成江河海洋，水的流动往往是持续的，有一定的强度和力度。经济活动的起伏就像海水一样潮涨潮落。人们将这些图式概念投射到目标域的经济范畴里，就形成了如“现金流（x_1）”“流动（x_2）”“冻结资金（x_3）”“浮动汇率（x_4）”“泛滥（x_5）”“枯竭（x_6）”“涨潮（x_7）”等词。这些词的语义通过“经济活动是流水”这个概念隐喻的映射变得形象生动、简单易懂。

3. 结构隐喻

空间隐喻和实体隐喻都可以进一步拓展为内容更丰富的结构隐喻，所谓结构隐喻就是通过一个结构清晰、界定分明的概念去构建另一个结构模糊、界定含混，或者完全缺乏内部结构的概念。结构隐喻在商务外贸语篇里运用得是最广泛的，它对商务外贸词汇语义建构的解释力也是最强的。以下是商务外贸语篇里几类主要的、常见的结构隐喻，来看一看它们是如何实现相关词汇的语义建构的。

（1）战争隐喻

商务语篇里的战争隐喻是最常见的结构隐喻，由战争概念映射在经济领域的词汇屡见不鲜。人类自古以来就有战争，对战争的亲身经历使人类在自身的思维里，给战争建立了一个结构清晰、界定明确的概念系统，它包括了战争双方的进攻、防守、对峙、伤亡、输赢等。随着商品经济的发展，各个经济实体之间为了占领更大的市场、获取更大的利润而相互竞争，经济全球化使得这种竞争变得越来越激烈。因此，战争概念结构就被人们映射到了经济领域，经济竞争就是战争，商场就如同没有硝烟的战场，也有攻防、输赢等。商务外贸语篇里许许多多与“（x）竞争”相关的词汇就来自结构隐喻，例如“（x_1）价格战”“（x_2）贸易战”“（x_3）商标战”“（x_4）广告战”“（x_5）反倾销”“（x_6）贸易对决”“（x_7）商务回击”“（x_8）金融威胁”“（x_9）入侵新的市场”“（x_{10}）经贸武装起来”“（x_{11}）金融收购（或兼并）战”等，这些词的语义显示了经济活动中激烈的竞争状况。

（2）气象隐喻

气象也是人类比较熟悉的概念结构，因此，人们常用气象变化状况来构建经济概念，如“晴雨表”喻指经济或股市等的标记、征候，“暴雨”喻指经济或股市将面临考验，等等。

商务外贸语篇里存在着大量的隐喻性词汇，而认知语言学的概念隐喻对这些词汇的语义构建具有强大的解释力。通过概念隐喻的认知机制，即通过运用相对熟悉领域的概念去把握相对抽象、陌生领域的词汇，可以清楚地理解新词汇的意义，这一方法将有助于国际汉语人才准确地理解商务外贸领域的词汇。

第五章

国际化专业汉语人才分类培养（Ⅲ）——民俗文化领域

第一节　民俗文化领域词汇教学概述

一个人语言能力的高低往往与他对语言本身的结构和对语言背后的文化因素的把握密切相关。如外国学习者初学汉语时，由于缺乏汉语的基础知识，感觉语言难度较大，很难理解汉语的意思。而到了中高级阶段时，语言本身的难度相对降低了，但是由于文化方面的障碍，学习者依然存在对汉语理解困难的问题。因而，学习语言必须同时学习相关的文化。汉语教学中的文化词汇的教学，应当落实在发展学生运用语言交际的文化技能上。这既包括对语言本体结构（如语法和语义）中有关的文化含义进行阐释，也包括对语言使用中的文化约定进行解说和实践训练，培养学习者使用该语言进行交际的文化能力。特殊的文化因素隐含在该语言的词汇系统、语法系统和语用系统中，反映了该民族的价值观念、生活方式、思维方式、道德标准、风俗习惯及审美情趣。

文化词语是指蕴含着社会文化意义的词语，文化意义则指社会所赋予词语的引申义、比喻义、联想义、象征义、感情色彩与语体色彩以及特有的含义。文化词语是指特定文化范畴的词语，是民族文化在语言词语中直接或间接的反映，它本身载有明确的文化信息，并且隐含着深层的文化含义，它同物质文化、制度文化和心理文化存在着渊源关系。（常敬宇，1995）文化词语，是指在一定的文化背景下产生的词语，或与某种特定的文化背景相联系的词语。这些词语有一个很大的特点，那就是从字面上很难理解或准确地理解它们的意思，换句话说，字面上的意思往往不是它们真正的含义，要理解它们，必须结合一定的文化背景。（杨德峰，2012）汉语文化词语是指那些直接反映中国独特文化（物质文化和精神文化）的词语，它们是独特而又丰富多彩的中国文化的产物，也是记录中国文化的载体。文化词语主要可分为以下几种。（王国安　等，2003）

1. 表现中国独有的物质文化的词语，如：

建筑：窑洞　四合院　胡同

饮食：包子　饺子　粽子　汤圆　月饼　年糕　年夜饭

器具：八抬大轿　太师椅　榻

服饰：中山装　旗袍

2. 表现中国独有的精神文化的词语，如：

历史：贞观之治　赤壁之战

学术：八卦　仁　道

文艺：风骨　美刺　比兴　八股文

3. 表现中国独特的制度词语，如：

职官：丞相　县令　司马　太守

科举：状元　探花　举人　秀才

4. 反映中国独特的自然　地理环境的词语，如：

自然词语：三伏　弦月　梅雨

地理词语：梯田　绍兴

5. 反映中国独特的风俗习惯的词语，如：

时令：春节　元宵　清明　中秋

礼仪：万福　作揖

习俗：乞巧　拜月

6. 中国典型的人物形象，如：

神话传说：牛郎　织女　王母　七仙女　月老

历史人物：李白　诸葛亮　杨贵妃　张飞　王昭君

文学人物：祥林嫂　阿Q　闰土　红娘

现实人物：雷锋　黄继光

7. 汉语成语熟语（包括俗语、谚语、歇后语、惯用语等），如：

熟语：外甥打灯笼——照旧（舅）　扣帽子　穿小鞋

成语：水落石出　四面楚歌　画蛇添足　叶公好龙　程门立雪

从上面的举例可以看出，文化具有鲜明的代表性，语言可以看成文化的镜像折射，透过一种语言的各个层面，可以看到多姿多彩的文化形态，文化形态上的差异不可避免地会呈现在语言系统的各个层面上。词汇作为语言的重要要素之一，文化差异在词汇上体现得最为突出，也最为广泛。

词汇教学是汉语教学的重要组成部分，能否对学生进行成功、有效的词汇教学将是一个直接关系到汉语教学目标能否顺利实现，以及培养什么层次的人才的问题。词汇是文化的载体，它与文化之间有着密不可分的关系，因此词汇教学包括文化教学。然而，长期以来，汉语教学忽视了对词汇的理论研究和实践探索，词汇教学仅停留在读音、拼写、词形变化、字面意义等表面层次，对词汇的文化因素缺乏普遍、足够的重视，这就造成了许多学习者在词汇理解及使用上的偏差，影响了其跨文化交际能力的提高。

近些年来，随着中外文化交流的扩大以及学术界对词汇教学重要性认识的加深，越来越多的学者和汉语教师已经逐渐认识到结合文化进行词汇教学的必要性，但目前这方面的研究还主要集中在强调词汇教学与文化结合的理论层面，对于在词汇教学实践中如何有效地导入文化，还缺乏深入、系统的研究。鉴于此，在深入阐述结合文化进行词汇教学的必要性，并调查核心区汉语词汇教学与中国文化及核心区地域文化相结合的现状的基础上，在核心区对外汉语教学中我们创设了有效结合文化进行词汇教学的模式。

我们通过研究在媒体语料中收集汇总、分类整理的汉语词汇，设计出与民俗文化类词汇相链接的测试，试题共30道，测试正确率为69.7%，在与时政类、商务外贸类、日常生活交际类等其他词汇测试的比较中，准确率位居第二，仅次于日常生活类词汇。学生对民俗文化类词汇的熟悉程度、理解与掌握情况较其他类词汇都相对较好，对了解中国文化的心理热度较高，学习积极性也较强。国际汉语人才对中国文化怀着很大的好奇心，同时能自然地将其与自己国家的文化进行比较。国际汉语人才表现出来的这些积极正面的因素，为我们在汉语词汇教学中进行中国文化教学提供了更多的动力。我们应充分利用国际汉语人才感兴趣的因素，进一步调动他们学习的积极性，做好相应的教学策略，全面介绍民俗文化类词汇及其背景知识，满足国际汉语人才对该类词汇的学习需求。

第二节 民俗文化领域词汇分类介绍

一、汉语文化词语分类

学术界一般把汉语中的文化词语大致归纳为以下几个部分：

（1）中国独有的物质文化的词语；

（2）反映传统观念和心态的具有文化含义的词语（包括以下八种：动物类象征词、植物类象征词、自然气象类的象征词、颜色词、数词、具有修辞意义的人名、敬语和谦称、禁忌词语）；

（3）反映中国政治经济制度、意识形态和道德的用语；

（4）由历史、生活方式、风俗习惯、文化传统积淀而成的熟语；

（5）含有文化内涵的普通词语。

汉语文化词语是在中国特定的文化背景下形成的，具有浓厚的文化意义，还有很多文化词语并非历来都是文化词语，而是普通词语在长期使用中积累、沉淀了大量的文化内涵，逐渐被注入深层的文化意蕴，因此在词语的表面意思下隐藏了深层含义。文化词语从宏观上看，数量较多、涉及面广；从微观上看，指称意义和蕴涵意义常交织在一起，内涵十分丰富。

二、中国传统文化之关键词语

（1）传统纵览：仁 义 礼 智 信 忠 孝 悌 节 恕 勇 让 中庸

（2）诸子百家：

儒家：孔子 《论语》 孟子 荀子

道家：老子 庄子 道德 无为 逍遥

墨家：墨子 《墨子》 兼爱

法家：韩非 李斯 《韩非子》

名家：邓析 惠施 《公孙龙子》

阴阳家：邹衍　五行　金　木　水　火　土

纵横家：鬼谷子　苏秦　张仪　《战国策》

杂家：吕不韦　《吕氏春秋》

农家：许行

小说家　兵家　医家

（3）琴：笙　笛子　二胡　古筝　箫　鼓　古琴　琵琶

（4）棋：中国象棋　中国围棋　对弈　棋子　棋盘

（5）书：中国书法　篆刻　印章　文房四宝（毛笔、墨、砚台、宣纸）木版　水印　甲骨文　钟鼎文　竹简　竖排　线装书

（6）画：国画　山水画　写意画　敦煌壁画　《八骏图》　太极图（太极）

（7）十大名曲：《高山流水》《广陵散》《平沙落雁》《梅花三弄》《十面埋伏》《夕阳箫鼓》《渔樵问答》《胡笳十八拍》《汉宫秋月》《阳春白雪》

（8）十二生肖：鼠　牛　虎　兔　龙　蛇　马　羊　猴　鸡　狗　猪

（9）传统文学：《诗经》　赋　唐诗　宋词　元曲　明清小说

（10）四大名著：《红楼梦》《水浒传》《西游记》《三国演义》

（11）传统节日：元宵节　寒食节　清明节（祭祖）　端午节（粽子、赛龙舟、屈原）　中秋节　重阳节（敬老）　腊八节　除夕（大年三十、红包、守岁、团圆饭）　春节

（12）中国戏剧：昆曲　湘剧　粤剧　徽剧　汉剧　京剧　皮影戏　越剧　川剧　黄梅戏　昆曲脸谱　湘剧脸谱　川剧脸谱　京剧脸谱

（13）中国建筑：长城　牌坊　园林　寺院　钟塔　庙宇　亭台　楼阁　井　石狮　民宅　秦砖汉瓦　兵马俑

（14）汉字汉语：对联　谜语（灯谜）　歇后语　熟语　成语　射覆　酒令

（15）传统中医：中医　中药　《黄帝内经》《伤寒杂病论》《本草纲目》

（16）宗教哲学：佛　道　儒　阴阳　五行　罗盘　八卦　司南　法宝　禅宗　佛教　观音　太上老君　烧香　拜佛

（17）民间工艺：蜡染　剪纸　风筝　中国织绣（刺绣等）　中国结　泥人　面塑　纹样（饕餮纹、如意纹、雷纹、回纹、巴纹等）　祥云图案

凤眼

（18）中华武术：南拳　北腿　少林　武当　内家　外家　太极

（19）地域文化：中原文化　江南文化　塞北文化　岭南文化　大漠风情　草原文化

（20）衣冠服饰：襦裙　唐装　唐巾　直裰（道袍）　舄　云端履　千层底　绣花鞋　老虎头鞋　京服　银饰（苗族）　旗袍　蒙古袍　肚兜　斗笠　凤冠

（21）四大雅戏：花　鸟　虫　鱼

（22）动物植物：龙　凤　狼　麒麟　虎　豹　鹤　龟　大熊猫　梅花　兰花　竹子　菊花　松　柏

（23）器物：玉（玉佩、玉雕）　瓷器　景泰蓝　中国漆器　彩陶　紫砂壶　古代兵器（盔、甲、大刀、宝剑）　青铜器　鼎　金元宝　烛台　红灯笼（宫灯、纱灯）　黄包车　鼻烟壶　鸟笼　长命锁　葫芦　铜镜　大花轿　芭蕉扇　桃花扇

（24）饮食厨艺：柴　米　油　盐　酱　醋　茶　酒　茶道　八大菜系（鲁、川、粤、闽、苏、浙、湘、徽）　团圆饭　年夜饭　年糕　月饼　筷子

19 世纪德国著名语言学家、哲学家威廉·冯·洪堡特（Wilhelm von Humboldt）就曾指出：“每一种语言都包含了一种独特的世界观。”可见，语言与文化有着极为密切的关系。语言是文化的载体，不同的文化形态，包括心理、思维方式、社会习俗、生活经验、价值观念等，都会在其语言中反映出来，学习一种新的语言本身就是在学习一种新的文化。

第三节　民俗文化领域词汇教学策略

语言不仅是交流的工具，而且也具有其自身的文化特点。同样，文化也影响语言的表达。词汇是语言中最积极、最活跃的部分，我们应该对词汇文化内涵的对比和分析给予更多的关注。首先，为了减少甚至消除对外

汉语教学中的误解，我们应该认识到我国和国际汉语人才派遣国的文化中词汇内涵的差异。文化内涵在对外汉语词汇教学中有举足轻重的地位。我们知道，词语是人们对客观事物和现象的主观反映。词的文化内涵在一定的历史文化环境中形成，是某一社会群体语言习惯和文化传统的一部分，因此词汇文化内涵的教学是非常有价值的。汉语是世界上拥有悠久历史的语言，它丰富的词汇中蕴藏的深广厚重的文化积淀和博大精深的文化内涵，这让汉语学习者叹为观止的同时，也给他们的词汇习得增加了很多困难。因此，词汇文化内涵的学习不仅可以加强学习者对汉语词汇的理解，而且给他们提供了接触汉语的社会文化背景和减少跨文化交际困难的机会。

当然，由于人类生活在相似的自然环境中，从事着相似的社会活动，我们发现，在不同的语言中，表达模式和意义方面也有所重叠。这些相似的文化内涵方便了对外汉语词汇教学，教师和学习者都很容易理解并掌握这些词汇。教师应该充分利用这种相似性，使用一定的文化指导策略，让学习者更加积极地投入词汇学习中。

文化词语是在特定的文化背景下形成的，对于缺乏相应知识的国际汉语人才来说，单从字面上是无法获知其真正意义的。这些文化词语在交际中往往是一个句子的核心内容，没有文化背景知识的依托，这些词语只能是一堆熟悉的“符号”，国际汉语人才很容易因为对这些文化词语的认知缺失而无法真正理解，甚至是不懂整句意思，从而造成交际的障碍。因此，要提高其文化语用能力，汉语文化词语教学应当受到重视，国际汉语人才想要真正熟练地掌握汉语，文化词语学习是必须面对的一个问题。

一、语义学策略

在我们的问卷调查中，文化词语部分涉及具有比喻象征意义的词语、历史文学人物、汉语熟语和委婉语等四个方面，我们对每种类型的文化词语分别设计试题，试题难度也加以区分。问卷回答有完全错误的；也有虽然是错误选项，但是能反映国际汉语人才有初步的汉语文化语用意识的；也有完全正确的，可以反映出国际汉语人才对汉语文化语用特点的正确理解。此外，我们设计了30个题目作为对教师的调查问卷，用来向有教学经验的教师询问中国文化词语的教学问题，教师问卷不做统计，仅供参考。

文化词语问卷中所涉及的汉字和语法，都是各个阶段国际汉语人才已经学习过的内容，无生僻字和疑难语法点，每个句子或对话所表达的内容都是汉语中使用频率较高、较为常用的。我们从日常交际中使用频率较高的文化词语中选取了几类，采用调查研究和对比分析的方法，对中高级汉语水平的国际汉语人才学习汉语文化词语的掌握情况做了相应调查，试图对汉语文化词语的研究和教学做一些探索。调查不计分数，仅观察各部分的掌握程度，统计选择各个选项的人数的百分比，观察各选项被选次数以及错误率，均是反映国际汉语人才文化词语理解和使用意识的，如第 3 题：

他就是山窝里飞出的金凤凰。这句话的意思是：

A. 他很有出息，但出身贫寒

B. 他是农村来的

C. 他生了个女儿

国际汉语人才如果选择了正确答案 A，则表明他们对于这个语言点完全掌握了，选择 B、C 项，说明他们还没有掌握该语言点。国际汉语人才如果选择了 B 项，说明他们把理解的重点可能放在了“山窝”这一词上；而选择 C 项，则说明他们对于“凤”在中国文化中和女性的联系有一定了解，但是缺少在特定语境中理解该词意义的能力。

对于一个身处不同文化、不同语言环境的外国人来说，在短时间内也许会很快掌握基本的人际交流所需要的口语，但是经常也会在会话中或者阅读中遇到文化词语的障碍，因为文化词语必须是充分了解了该历史传说、社会变革的人才能听懂、会用，而不是仅凭字面意义来领会的。国际汉语人才来中国学习汉语，所获取知识的渠道主要是课堂，教师在课堂上不仅是语言的教授者，也应该是文化的阐释者。因此，作为一个对外汉语教师，应该在课堂上通过给学生讲授文化词语来加深学生对词语的深层次理解。在此我们对文化词语的范畴做以下汇总分析。

1. 在特定环境中产生的事物及特有的概念词语

如“四合院”“火炕”“红娘”“王母娘娘”“鹊桥”“冲喜”等词，对于生活环境截然不同的外国人来说，单凭书上的描写是无法想象什么是“四合院”“火炕”的，这时候最好配上图片或者视频让学生看到“红娘”“王母娘娘”“鹊桥”“冲喜”这些词是古代文学作品或者传说中积淀下来的独特词语，可以结合文学作品或者中国的文化传统来加以解释。

2. 具有比喻象征意义的词语

象征词语是在长期的历史和文化发展中形成的，它深刻地反映出了独特的心理定式和文化风情。如我们常用松、竹、梅来比喻人品高洁，用莲花来比喻出淤泥而不染的人，以兰来喻高雅之人，以红豆比喻相思等。对外汉语教师要立足本国的文化背景，对照国际汉语人才的文化背景，为学生分析这些词语。同时，要注意不同文化的碰撞，避免误会，比如中国人以“狗腿子”来比喻给有势力的坏人奔走帮凶的人，但是在欧美国家，狗可是人类忠实的朋友，没有贬义。

3. 含义丰富的熟语

成语、俗语、惯用语、歇后语、格言等往往有一定的出处，或者是借一定的修辞手段产生语义变异而形成的，对外汉语教师要在字面意义的基础上，正确引导学生理解其深层含义。如成语“破釜沉舟”本义是把锅都打破，船都弄沉，其实际意义则是下决心，不顾一切干到底；再如歇后语“飞机上挂暖瓶”，则是表扬某人“水平高”。

4. 数字词、颜色词等

在汉语中，数字词和颜色词往往具有特定的含义。如“白色”可表丧事，“黄色”从汉末就成为帝王之色，“红色”则通常表示喜庆，等等。数字词也蕴含了人们的好恶，一些中国人比较喜欢数字“八”，因为跟“发”谐音，不喜欢数字“四”则是因为跟“死”谐音。让学生明白了这些好恶的原因，更能帮助他们融入中国文化中。

在教学实践中，针对初级阶段的学生及词汇特点，教师在解释这一阶段的词汇时，更适合借助直观手段，来帮助学生理解词语的意义。直观教学手段包括教学时用实物、肢体语言、图片等。实物主要用在帮助国际汉语人才理解自然界或日常生活中存在的事物，如“粽子”“旗袍”等，当由于客观条件的限制无法将实物搬到课堂上来时，可以用图片、电子图像技术等来帮助学生理解。

直观教学手段建立了语言单位和事物之间的联系，实现了词汇的具体化。同时这一教学手段也容易调动国际汉语人才的听觉和视觉，培养其直接用汉语思考的能力，使他们感知的信息材料更直接、更形象、更鲜明，记忆更深刻，理解的效果更好。另外一些简单词汇的分类方法也可以帮助初级阶段的学生理解词义、记忆生词。按词义分类，如"赤""橙""黄""绿""青""蓝""紫"，都是指颜色，可以互相对照，学生比较容易记忆；"笔""墨""纸""砚"都是与书法相关的，可以互相注释，学生比较容易理解。这种分类的方法对初级阶段的学生增强理解和减轻记忆的负担非常有帮助。

（一）教学技巧、策略和过程

1. 文化背景知识的讲解

大多数国际汉语人才学习汉语，原因之一就是对中国文化感兴趣，因此文化背景知识的介绍就显得尤为重要。总体来说，教学的侧重点在于书面语的讲解。

国情文化知识可以说是从文化本位出发的最基本的"知识文化"，为初级阶段后期和中级阶段的文化教学打下基础。中高年级可以开设中国文化史、中国历史等课程，这些课程强调文化知识的基础性和常识性。随着学习者汉语水平的提高，再逐步增加一些学术性的课程，突出文化价值观念系统及其体现。

2. 归类集中解说

除了前面提到的分类方法之外，还有一些比较有代表性的分类。根据对文化意义的理解，把文化词语分为以下几类。

（1）根据感情色彩分为两类，即褒义词和贬义词。褒义如"爱屋及乌""龙凤呈祥""生龙活虎"，贬义如"胆小鬼""魑魅魍魉"。

（2）根据风格意义也分为两类，即口语和书面语。口语风格的如"拖后腿""七上八下"，书面语风格的如"承担""庄严"等。

老师应尽量把代表类似文化意义的词语归纳到相同的文化专题当中，以加深学生对该词文化意义的理解。如在介绍中国的家族观念时，把有关的亲属称谓词如"叔叔""伯伯"等收集到一起，并告诉学生，因为中国文化强调血缘关系、强调伦理，所以有了很多的亲属称谓词；在讲解民俗时，把有关民俗的文化词收集到一起，如"春节""元宵节""清明节""端午节""七夕节""中元节""重阳节""腊八节""除夕"等。这样国际汉语人才在学习文化的语境中掌握一定的词汇，既有利于他们了解中国，又能增加他们学习汉语的兴趣。

3. 情景设置

文化词语教学重在讲练。要想让学生真正体会和理解文化词语的内涵，并能自如地实际运用，情景的设置是非常必要的。情景设置可以分为口头情景造句和书面独立造句两种。口头情景造句是课堂上在教师的导引下进行的，即教师先给出情景，然后由学生用所学词语完成句子。例如，讲“望子成龙”时，教师可先给出一个情景，比如有一个小男孩的父母希望孩子将来做一个有出息的人，因此带他去参加各类培训班。通过问题“小男孩的父母对他有什么期望？”来引导学生用“望子成龙”来回答。书面独立造句则是在课堂练习的基础上，由学生模仿课堂练习在课下独立造句，锻炼学生融会贯通的能力。

文化词语的练习方式并不拘泥于某一种，针对不同的教学对象，采用多样化的、灵活的方法进行教学，有利于活跃课堂气氛，教师完全可以在这方面充分发挥主动性和创造性。

4. 多媒体技术的应用

在当今高速发展的信息时代，多媒体技术被应用到对外汉语教学的各个方面，为这一领域提供了更为广阔的思路和前景。文化词语教学课件的设计、准备、制作过程非常重要。首先，要搜集大量真实有效的素材。可以在网上下载图片文字，扫描或者自己动手拍一些照片或用图片制作软件制作一些图片，还可以根据需要截取电影、电视片断等。总之，在平时一定要多搜集与文化有关的一切有用的资料，做到有的放矢，用的时候不至于手忙脚乱。搜集完素材，接下来更重要的是制作，要先仔细想好展现某一文化现象的最佳方式，然后综合运用图片、色彩、声音等手段来展示，最终达到使学生多角度体验和领会这种文化的内涵，对这些文化词语能够听懂并记住的目的。

在文化词语教学中，多媒体技术的加入使得教学内容更加直观、生动，有利于吸引学生的注意力，激发他们学习中国文化的兴趣，也在一定程度上解决了学生语言程度与文化教学内容之间的矛盾。这样直观形象的展示，比一个老师用尽各种方法进行口头讲解都更加有效和省力。

（二）小结

随着我国国际地位的稳步上升，汉语作为世界上使用人数最多的语言，其影响也日益扩大。对外汉语教学不仅仅是对语言的培训，而且要进行系统的文化知识教学。在跨文化交际过程中，由于两种语言规约性的文化差异，常常会产生交际障碍。类似这样的涉及交际文化方面的词语，如果不给国际汉语人才讲解清楚，他们在听到和使用这些词语时就会产生偏误，会影响到交际活动的正常进行，因此和民俗文化有关的词语便成为文化词语教学的重点。

文化词语作为词汇系统中最为活跃的部分，蕴含着丰富的语义内涵，反映了各国之间文化的差异。在这些文化词语中，涉及知识文化的词语，比如大部分物质文化词语和制度文化词语，国际汉语人才学过了就会明白，一般不会产生误解，只是时间和兴趣的问题。如果一个国际汉语人才学习汉语的时间很长，并且喜欢中国文化，常常阅读相关书籍或者到中国各地旅行，那么对于这方面词汇的积累就比较多。反之，如果只是刚刚学习汉语，或者对中国的文化并不太感兴趣，只是因为工作或生活的原因学习汉语，那么学习者对这类词语的积累和了解便不会很多。相对而言，这类词语在教学过程中对老师和学生的要求都不是很高，不会作为文化词语的教学重点。

二、语用学策略

（一）文化语用教学特点及其渊源

语用特点是言语共同体中的成员在言语交际中所体现出的使用语言方面的某些共有特点，这种特点为言语共同体共享，具有相当强的心理认同度，影响到言语行为的建构和话语理解。语用总是和语境相依相存的，语境是理解、解释、建构话语信息的必要参照，文化语用是必须借助文化语境才能进行理解、解释、建构的话语信息的推理活动，在特定的文化语境中，文化语用特点来源于特定的文化共同体，它是共同体长久共享的一套价值观、态度等的衍生物。这自然包括言语行为的设定，如该说什么、不该说什么，该怎么说、不该怎么说，怎样理解他人话语，哪些话语是文化优选的、哪些是避选的，以及说话和行动的关系等。例如，中西方文化存在着巨大的差异，法国、意大利等西方国家在使用语言时体现出的特点和汉语语用特点存在着巨大差别。即使是文化相近的几个国家，在语言的使用上也各有自身鲜明的特点，如中国、日本和韩国，虽然文化差距较小，某些地方也有相似性，但是，也仍具有各自鲜明的语用特点，反映其特定文化中形成的一套文化信念。

文化语用特点高度体现主流文化核心价值观，因此，谈到一种文化的语用特点，必须首先涉及的是主流文化的核心价值和态度，该文化系统内部存在的文化差异，如“含蓄内敛”是中国文化的一大特点，儒家的“中庸”思想，中国几千年“温柔敦厚”“怨而不怒”的诗教观，一起形成了“委婉含蓄”的语用特点，交际中很多语言的使用，都是这一重要文化信念的缩影。因此，许多具体的情景都可以与“委婉含蓄”的特点联系起来，或者说，文化语用特点是文化大系统核心范畴的体现，每一种文化语用特点都是以一定的核心命题而出现的，核心命题是该种文化的精神内涵在言语交际中的体现，也是该文化中的成员理解和解释话语时所呈现出的总体的特点。话语则是在最相关的情境中获得最相关的解释，即说话者所表达的言语行为（直接的或是间接的），以最省力的推导方式就能得到所期望的识别和领会，通俗地说，它要能指引说话者说出最能影响听话者的话语，同时，它也要能指引听话者在接受话语的一瞬间就能深刻地感悟、把握话语作为特定文化情境中的特定行为（而不是别的行为）的信息，并做出最大相关度的反应。（何刚 等，2006）因此，语用和文化语用特点关系密切，提升学生的汉语语用能力，必须注重提高学生的汉语文化语用能力。目前的文化教学范围主要是表层和中层文化，也就是物质、风俗、习惯以及大量具体的文化表现形态，这种传授可以使学生在某种程度上了解中国文化的一个特定侧面，有利于他们的交际和交流，但从长远和深层次来看，仅停留在这一点是不够的，还必须要进行第三层——观念文化的教学。观念文化是中华民族几千年文明积累中最基本的内核，是我们民族宝贵的精神财富，能够比较全面而深刻地体现中华文化的特点，一种语言是全民约定俗成的，具有相对的稳定性和历史继承性，它在一定程度上反映人们对客观事物的认识水平，凝结着他们在实践中积累的知识，继承和培养了其文化心理和性格，也就是我们说的文化的基本精神。

（二）汉语语用系统中体现出的文化因素

语境在语用学中有着重要的作用，谈话双方对意义的理解在很大程度上依靠语境，这里所说的语境不光指狭义的，仅仅视其为语言的上下文在更大的语言段落中所处的位置，还包括语言以外的因素，因为语言交际总是在特定的时间、空间、背景、人物之间进行的，对语境的理解必须考虑到这些因素。语境中的语言以外的知识可以分为三类：背景知识、情景知识、交际双方的互相了解。背景知识是人们对所生活的客观世界的常识性的了解；情景知识指的是与特定的交际情景有关的知识，包括特定语言活动的时间、地点、交际主题内容、交际者关系、交际场合的正式程度等；交际双方相互了解指的是交际双方对对方的了解，这个因素对语用研究有非常重要的意义，是语用意义上的语境与其他意义上的语境的重要区别。

霍尔根据信息传播对环境的依赖程度，将文化划分为高语境文化和低语境文化。高语境文化中，信息的意义寓于传播环境和传播参与者之间的关系中，亚洲国家的文化多属于高语境文化，如以中国、韩国、日本等为代表的历史悠久的东方文化，在文化系统中解释信息时，强调意义对语境的关联的重要性，不存在绝对固定的解释，任何解释都要关联到语境的解释，语言和符号的既定意义在高语境文化中不是意义的重要来源，意义只是隐含在语境和关系中，高语境文化更多依靠非语言传达，如中国人的语言表达比较含蓄，不在中国的环境中生活，就不能理解中国文化包含的深刻内涵。低语境文化中的信息的意义可以通过语言表达得很清楚，大多数的信息需要明确表达出来，不需要根据语境去推测，交流比较直接。（童之侠，2005）

语用系统与文化有着密不可分的联系，语用系统中体现出的文化因素所涉及的范围较广，它可以指社交应酬方面所体现的文化规约，如打招呼与道别、致谢与致歉、邀请与拒绝、对恭维和赞扬的反应、谦辞与敬语、委婉与禁忌等，也可以指姓名称呼、亲属称谓、社交称谓等系统中所包含的文化内容，当然也可以包括修辞系统中体现的文化内容。下面举些例子，如中国人的幸福观包含了寿、富、贵、顺等，所以说祝词表示自己的祝福时，常常会说“祝您健康长寿”“祝您步步高升”“祝您财运亨通”。中国人结婚的风俗习惯决定了“我请大家吃糖”就是“我要结婚”的意思，这源于中国人结婚时有给别人送喜糖的习俗。中国人有长幼有序、尊卑有别的等级观，因而会对年龄相仿、与自己同等社会地位的人说“你好”，而对比自己年长、地位高或自己特别尊重的人说“您好”。中国人的交友观又决定了亲密的朋友或熟人之间不会经常说“谢谢”，那样反而显得生疏。

（三）对外汉语教学以培养学生的汉语语用能力为核心

中国文化独特的精神内涵赋予了汉语词汇独特的语用规则和特点，并在交际中表现出来。汉语语言表达中也包含着丰富的文化信息，这种内涵大多数情况下并不能仅仅依靠语言本身的形式传达出来，外国留学生能否有效地理解这些话语意义，尤其是说话者的意图，能否有效地使用这些语言，不同汉语水平层次的学生之间文化语用理解的差异，文化语用能力发展的轨迹，是对外汉语教学中需要深入了解的问题。

1. 中级和高级水平的汉语学习者的文化语用能力在一些方面有较大的差别，可以反映出随着学习时间和语言能力的增长而提高的趋势，但是在其他很多方面，两个水平阶段之间并未表现出明显差异，在这些方面的文化语用能力并没有随着学习时间和语言能力的增长而有所提高，相反，在一些文化语用能力的调查项目上，中级组表现出比高级组更好的情况。

2. 在文化词语方面，虽然高级组学生对于语用中的汉语文化词语的掌握程度好于中级组，但是在整体上两个水平阶段的学生的掌握程度都较低。调查表明，文化语用能力较低是影响中高级水平国际汉语人才语用能力的主要因素，而我们目前的文化教学对培养学生的汉语文化语用能力方面的贡献还有待提高。

因此，我们提出对高级水平的国际汉语人才进行以汉语文化词语和汉语文化语用特点为主要内容的文化语用专门教学，这不是单纯的文化教学或者语言技能训练，而是通过一些方法把汉语使用的文化背景和因此形成的语用特点结合起来，将文化导入和语用能力的培养紧密结合起来，即一种文化因素的讲解要辅以与此种文化因素密切联系的语用特点的讲解，并就此展开操练，帮助学生了解汉语文化特点以及这种文化特点导致的语言使用特点。我们认为，汉语文化语用教学必须遵循三点原则：（1）准确、实用、与时俱进的教学内容；（2）循序渐进的教学过程；（3）合理有效的分班策略。在此原则下，应当开设专门的文化语用课，以汉语文化词语、文化语用特点、文化价值观念等为主要教学内容，可以采取结合词汇教学讲解汉语语用特点和规则、结合句式教学介绍汉语语用知识、母语文化同目的语文化进行对比等方法进行。

三、认知语言学策略

语言由文化养育而成并制约着人类的认知，包括认知方式和认知结构。人们对外界的认知以语言为中介又通过语言体现出来。可见，语言与文化历史系统密不可分。语言中语义特征体现了特定文化中形成的特定的认知，由文化塑造而反映文化的语言也会随着文化的不断发展而处于经常性的发展变化之中。（卢植，2006）范畴的整个内部结构似乎都依赖语境，在更广泛的意义上，依赖我们的社会与文化知识，人们认为，我们的社会与文化知识被组织进了认知和文化模型。（温格瑞尔 等，2009）

根据原型范畴理论，一个词所具有的相关的词义中，有一个意义是其他意义的原型，其他意义都是在此基础上进一步延伸或辐射出来的，从而形成了词义的辐射范畴。另外，在基本词语从基本意义向外扩展过程中，基本等级范畴词汇可发展出更多的隐喻意义。

（一）运用隐喻认知思维，加深对词义的理解

在对外汉语词汇教学中引入隐喻的主张有其坚实的语言学和教学理论依据。在构成词汇知识的各个组成部分中，词义知识是词汇知识的核心，只有理解了词义才能形成其他方面的词汇能力。一个词的词义发展多半是隐喻使用的结果。隐喻对词汇教学的启示，可以主要从以下两个方面考虑。

1. 隐喻可显著地改善学习者的发散思维能力，促进学习者对词汇的习得。例如：

例 1：不入虎穴，焉得虎子。

例 2：打翻了醋坛子。

2. 隐喻可促进学习者对词汇构成和词义发展的理解。例如：

例 3：他的妻子生了一对龙凤胎。

例 4：只羡鸳鸯不羡仙。

例 5：在天愿作比翼鸟，在地愿为连理枝。

我们知道，隐喻的工作机制是概念映射，其映射方式是从一个概念域

或认知域向另一个概念域或认知域的映射。作为一种基本的认知模式，隐喻让我们通过相对具体、结构相对清晰的概念去理解那些相对抽象、缺乏内部结构的概念。如在教授文化词语的时候，老师可以给出该词隐喻的例句，并引导学生来思考两者之间有什么相同之处，来帮助学生掌握该词的意义。

（二）隐喻与一词多义现象

隐喻是词义发展和延伸的主要手段。隐喻是以相似（likeness）和联想（association）为基础的。隐喻作为一种认知工具，推动词汇以有理据的方式演变，是理解一词多义和语义转移现象的钥匙。一词多义现象是通过隐喻手段由一个词的中心意义或基本意义向其他意义延伸的过程。多义词的各种意义之间的联系不是任意的，各个义项之间的联系都是有根据的。基于隐喻与一词多义的关系，我们可以结合上述的原型范畴理论，在多义词教学时，先把生词的基本意义呈现给学生，然后再通过隐喻和范畴思维来帮助学生拓展词的其他意思，帮助学生厘清多义词各义项之间的隐喻关系。这样不仅可以帮助学生解读词语的意义间的关系和深层含义，还可使课堂教学变得更加生动有趣，引人入胜，以利于激发国际汉语人才的学习兴趣，培养国际汉语人才对语言的敏感性。

总之，隐喻不仅是语言现象，而且是人们对新领域的概念和抽象范畴进行认知的强有力工具。因此，在民俗文化词汇的教学过程中，教师要引入认知隐喻思维，解释清楚文化词语的本体、喻体之间的相互关系，让学生在词汇学习中做到“知其所以然”。

四、小结

汉语的词汇包含的文化信息虽然丰富，但教师在针对这一阶段的学生讲授时不能面面俱到，汉语词汇文化的导入也要遵循一定的原则，不能过分影响到词汇教学的效果和任务，通过文化来进一步阐明语义才是教学的根本。与初级阶段注重安排机械模仿的词汇巩固方法不同，中高级阶段，随着词汇量不断增大，学生运用词汇的能力也不断增强。所以在这一阶段词汇的教学应重点放在主观性练习上。教师可以为学生选用丰富的表达手段，为其拓展自由的表达空间、创造更多的表达机会。比如，可以让学生运用已知词汇来描述所见所闻、对词语的语义进行讨论、发表对词语各种义项的认识和理解或对词汇的错误运用进行评论、提出修改意见等。这种主观性词汇巩固练习可以是口头的，也可以是书面的。通过这些主观性练习，学生可以巩固和提高综合运用汉语词汇的能力。

另外，到了中高级阶段，学生对汉语文化知识的专门性及学术性内容的需求也逐步增加了，教师应该加大介绍汉语词汇深层的精神文化内涵的力度。教师可针对这一阶段学生的不同学习背景和需求，向他们渗透一些现代文学常识、中国的哲学思想、古汉语文化知识等。这些深层次的文化输入不仅可以将学生曾接触过但又零星散乱的传统文化知识贯穿起来，而且可以使学生对所学的词汇的理解更加明确、系统而深入。这些都为学生拥有高层次的语言交际能力打下了坚实的基础，对于进一步巩固和扩展他们的知识面、对他们日后从事专门性的研究都大有裨益。

第六章

国际化专业汉语人才分类培养（Ⅳ）——网络流行新词语

网络流行新词语作为语言词汇动态系统的重要组成部分，对它的研究已经开展了很多，也形成了一些成果。然而对外汉语教学中的网络流行新词语研究获得的关注却是不够的。我们特别强调了网络流行新词语教学在整个对外汉语教学中所占的重要地位和不可忽视的作用，分析了目前网络流行新词语在对外汉语教学大纲、教材以及课堂教学中的现状，并对国际汉语人才对汉语网络流行新词语的认知度进行了问卷调查，从对外汉语大纲制定、教材编写、课堂教学、词语规范等几方面对如何加强网络流行新词语教学进行了探讨。本章论述旨在说明，在汉语国际推广的新背景下，对外汉语教学应该给予网络流行新词语教学一定的关注。在肯定其地位和作用的同时，我们更应该了解国际汉语人才学习的实际需求。以此为基础，在课程设置、教材编写以及课堂教学等方面制订一些符合实际、可行性强的方案，切实提高国际汉语人才的汉语交际能力，推进对外汉语教学事业的建设。

第一节　网络流行新词语在国际汉语人才培养中的作用

一、利用网络流行新词语教学推动对外汉语教学

国际汉语人才学习汉语的目的就是能够提高自己听、说、读、写的能力，这就要求他们不仅要掌握系统的语音、语法等理论知识，更要积累大量的词汇。词汇教学是贯穿整个对外汉语教学的重点，网络流行新词语在其中也占有不可忽视的地位。来中国学习的国际汉语人才，对出现在中国人日常口语以及报纸、网络、电视等媒体上的网络流行新词语既感到新奇，想一探究竟，又感到困惑，不知其解，因为很多网络流行新词语并没有收录在一般的词典中。如何解决这一问题是一直困扰对外汉语教学界的一个难题。因为目前的实际情况是，不管是大纲、教材还是课程设置，网络流行新词语的教学几乎是空白。虽然也有一些研究成果出现，但是覆盖面并

不广泛。因此快速有效地扩大学生的词汇量，就成为对外汉语教学研究的一个重要课题。

网络流行新词语主要是利用原有的语言材料，按照原有的构词方法、词语组合方法构成。网络流行新词语教学可以帮助国际汉语人才掌握这些词语的特点和语义特征，启发学生自学将来新出现的网络流行新词语。对外汉语词汇教学以核心词汇为基础，当国际汉语人才到了中高级学习阶段，在引导他们学习常用核心词汇的同时，可以引入一些网络流行新词语，在激发他们学习兴趣的同时，也可以促进他们对词汇构词方式的理解，帮助他们拓展词汇。

二、网络流行新词语教学是国际汉语人才实际需要的必然要求

国际汉语人才在熟练掌握了拼音、基本词汇等初级知识后，对他们而言，能够反映中国社会变化的网络流行新词语就成为亟须了解的知识。前面已提及，国际汉语人才学习汉语有着明确的动机和期望，大多数人是出于从事某种职业的需要，希望能够掌握汉语这一重要的交际工具，提高自身的竞争能力。学习语言进行交际是需要在具体的语境中进行的。网络流行新词语中蕴含着很多的交际文化，网络流行新词语教学可以帮助国际汉语人才扩大词汇量，有助于扩大他们的交际范围，提高他们的交际能力。

国际汉语人才大都对中国的文化抱有浓厚的兴趣，通过学习网络流行新词语，国际汉语人才可以获得与之相关的文化知识、了解中国的国情与民俗，还可以及时了解最新的社会动态，更易于融入汉语的现实社会中。网络流行新词语包含着诸多中国文化的因素，大多数网络流行新词语的出现都有其特定的背景，而且反映着社会的变迁和社会各个领域的动态信息。国际汉语人才对此很有兴趣，他们迫切地想融入汉语文化圈，与人交往，也想通过汉语媒体获取最新的学习汉语的语料，而其中网络流行新词语是最活跃的。国际汉语人才通过接触各种媒体，可以提高学习主动性，同时接触到更多的汉语语料。

三、网络流行新词语教学在对外汉语教学中的作用

（一）网络流行新词语教学可以提高国际汉语人才的学习积极性

当前国际汉语人才学习汉语的目的已经发生了显著的改变，越来越多的人学汉语的目的已经由“研究型”转向“实用型”。高彦德、李国强、郭旭等学者撰写了《外国人学习与使用汉语情况调查研究报告》一书。这本书中收入了一份《关于学习目的的调查情况与分析》的报告，指出在国际汉语人才学习汉语的目的中，“为了解中国”和“从事外交外贸工作”排在前两位。这两者都与中国现有的社会、文化、生活、经济、政治等状况密切相关，上述的变化会通过网络流行新词语体现出来。

兴趣是学习最好的老师。一般情况下，国际汉语人才在学习汉语的早期，都带着强烈的好奇心和很大的兴趣。经过一段时间的深入学习后，就容易陷入一种僵化学习的状态。尤其是中高级阶段的学生，他们对与实际相差较远的教材和生词失去了兴趣，很难有所突破。这个时候，找一些与现代生活息息相关的网络流行新词语，可以提高他们学习的兴趣。我们选取了一些网络流行新词语如“团购”“裸婚”“蜗居”“微博”等对中级阶段的国际汉语人才进行了调查，对其中不常见的网络流行新词语文化背景稍做讲解。调查结果显示，25%的国际汉语人才与中国朋友交流的时候已经使用过这些网络流行新词语了；75%的人表示很喜欢这些网络流行新词语，并迫切想了解这些网络流行新词语的背景、意义，还希望可以在课堂上适当增加一些网络流行新词语的教学内容。

（二）网络流行新词语教学可以扩大国际汉语人才的词汇量

据统计，20 世纪 80 年代以来的三十多年所产生的网络流行新词语总共有一万多个。这些网络流行新词语经过社会的检验和淘汰后，还能继续固定使用的有四千多个。如此多的网络流行新词语从各个侧面反映了中国政治、经济、文化等各领域发生的翻天覆地的变化。学习汉语的国际汉语人才在接触汉语文化圈的时候，时刻都能遇到网络流行新词语，这理应引起学界的高度重视。对国际汉语人才自身而言，掌握一定数量的网络流行新词语，可以丰富自己的词汇资料库，扩大自身交际范围，更好地了解当代中国社会。学习到一定的程度，鲜活的语言资料不仅能激发国际汉语人

才的学习兴趣，更是他们实际交际时所必需的知识。因此，网络流行新词语教学理应受到对外汉语教学界的关注。

第二节　网络流行新词语的教学内容

对“一带一路”沿线国家专业汉语人才进行网络流行新词语教学的目标，主要是通过讲授当前中国社会流行的典型的网络流行新词语，使学生了解其产生的原因、传播的途径、适用范围以及规范化等方面的内容，进而通过这些网络流行新词语认识当代中国社会现状，使国际汉语人才的汉语学习能紧跟目前中国社会的发展步伐。根据这个教学目标，在安排对外汉语网络流行新词语的教学内容上，教师应主要考虑以下几个方面。

第一，教学内容应主要涉及网络流行新词语的基本概念，网络流行新词语术语的界定及其基本分类，网络流行新词语产生的原因与途径，网络流行新词语的构词方式，网络流行新词语的词义类别，网络流行新词语在汉语词汇系统中的分布，网络流行新词语与中国社会、文化等的关系，网络流行新词语的规范化等问题。

第二，网络流行新词语教学内容的安排应建立在国际汉语人才实际交际需要的基础上，选择的网络流行新词语应是在社会上适用范围广泛、与国际汉语人才日常生活联系紧密的词，如“团购”“广场舞”等，这些新鲜的词语赋予汉语教学更加丰富的实际意义，可以提高国际汉语人才的学习欲望，最终达到很好的教学效果。

针对不同阶段的国际汉语人才，网络流行新词语在教学内容安排上应采取由浅入深的渐进性原则。针对初级阶段的学习者，教师应把教学重点放在网络流行新词语的词形与意义的识别上；针对中高级阶段学习者，可逐步将词语的文化背景融入教学内容中。

第三，网络流行新词语教学内容的选择要特别注意词语规范化的问题。随意性是教学的大忌，课堂上安排教学的网络流行新词语应当是那些经过广泛使用而具有实际交际价值的词语。网络流行新词语虽然数目众多，但依然有章可循。教学中可以有针对性地选择不同的教学方法来进行。依据教学对象学习汉语目的的不同，可以选择的教学方法也有很大差异。国际汉语人才要达到汉语日常交际无障碍的学习目标，教学中就应多介绍当下流行的口语以及网络用语中流行的新词语。针对将汉语作为职业规划的一部分来学习的国际汉语人才，教师就应当以其相关行业的网络流行新词语或者行业用词为重点进行解释说明；针对要参加汉语水平考试（HSK）的国际汉语人才，教师要对相关的考试大纲和教材中出现的网络流行新词语展开教学。

我们选取了从2008年至2016年媒体评选出的影响力较大的一些网络流行新词语，对其详细内容及来源介绍如下，作为教学的参考范例。以下按时间倒序排列。

1. 2016年网络流行新词新句

（1）吃瓜群众

现实生活中，人们常一边嗑着瓜子，一边听人闲聊。在网络论坛中，人们发帖讨论问题，后面往往有很多人跟帖，或发表意见，或不着边际地闲谈。如果只看热闹，不发言，就是“吃瓜子”。“吃瓜子”后被简称为“吃瓜”。“群众”即普通人。不发言只围观的普通网民，则被称为“吃瓜群众”。现在这个词使用范围扩大，凡是对某议题不了解或有意保持沉默的围观者，都可称其为“吃瓜群众”，不限于网络论坛中的网民。

（2）工匠精神

“工匠精神”本指手艺工人对产品精雕细琢、追求极致的理念，即对生产的每道工序和对产品的每个细节，都精益求精，力求完美。2016年3月5日，李克强总理在《政府工作报告》中指出，“鼓励企业开展个性化定制、柔性化生产，培育精益求精的工匠精神”。“工匠精神”一词迅速流行开来，成为制造行业的热词。随后，不仅制造行业，各行各业都提倡“工匠精神”。于是，该词使用范围扩展，任何行业、任何人“精益求精、力求完美”的精神，都可称为“工匠精神”。

（3）小目标

现在流行的“小目标”出自万达集团董事长王健林之口。他在《鲁豫有约·大咖一日行》中谈到“心有多大舞台有多大”的话题时表示：“想做世界最大，想做首富，这是对的，（是）奋斗的方向嘛，但是最好先定一个能达到的小目标，比方说我先挣它一个亿。”

就“世界首富”这个“大目标”来说，“一个亿”确实是一个“小目标”，王健林的话并无不妥；但对普通人来说，“一个亿”几乎是遥不可及的天文数字。于是网友纷纷吐槽“这个目标确实有点儿小（反语）”。“小目标”一词随即在网上走红，其意思正好与本义相反，指的是普通人难以达到的“大目标”，多含讥讽和自嘲的意味。

（4）一言不合就……

汉语中一直有“一言不合”的说法，意为一句话说得不投机，后面紧跟由此造成的后果，如“一言不合就翻脸”。现在流行的“一言不合就……”，和 2015 年末举行的世界电子竞技大赛有关。这次大赛主办方的办赛态度极其粗疏，引起了广大观众的强烈不满，一些网民便在其“百度贴吧”中贴出低俗内容以表示愤怒，导致该吧被封。于是有人评论道：“现在的年轻人，一言不合就……”“一言不合就……”，便在网上流行开来。随着使用的泛化，“一言不合”和后面的动词失去了语义上的逻辑联系，仅仅表示“突然”“任性”“动不动”的意思，如“老师一言不合就表扬学生”“单位一言不合就发奖金”“投资房地产，一言不合就赚得钵满盆满”“股市一言不合就下跌”等等。

（5）供给侧

2015 年 11 月 10 日，在中央财经领导小组第十一次会议上，习近平总书记提出了“供给侧结构性改革”，“在适度扩大总需求的同时，着力加强供给侧结构性改革，着力提高供给体系质量和效率，增强经济持续增长动力，推动我国社会生产力水平实现整体跃升”。在 2016 年“两会”上，“供给侧改革”又被反复提及，成为新闻媒体中的高频词。

“供给”与“需求”相对，“供给侧”与“需求侧”犹如一枚硬币的两个面。“供给侧”即“供给一边”。进入 21 世纪以后，我国经济进入“新常态”，光靠“需求侧”拉动，难以实现经济的平稳增长，必须在“供给侧”改革发力。“供给侧”改革指明了全面深化改革的方向，已在各行各业展开，前景令人期待。

（6）葛优躺

2016 年 7 月 25 日，一组“葛优躺”表情包开始出现在网络上。其图片源自曾热播的大型家庭情景剧《我爱我家》，葛优饰演的“二混子”去别人家蹭吃蹭喝，像一摊烂泥瘫坐在沙发上，神态“妙趣横生”。随着表情包的走红，网民们便把极其懒散的瘫坐姿势称作“葛优躺”。

有人说，如今生活节奏越来越快，生活压力越来越大，内心累积了越来越多的“负面情绪”，“葛优躺”式的“颓废”迎合了人们放空一切、远离焦虑、释放压力的心理需求。这正是“葛优躺”一词流行的心理背景。

（7）套路

汉语中本有“套路”一词，指编制成套的武术动作，如少林拳套路；套路，也指成系统的技术、方式、方法等，如改革新套路。2016 年网络流行语中的“套路”旧瓶装新酒，其“套”不是“成套”“成系统”的意思，而是指“圈套”“老套”。这个意义上的“套路”泛指经过精心编制的、用来迷惑人的说法或做法，甚至诡计、陷阱等，如“骗子行骗的套路就是恐吓，让人心生恐惧，从而听其摆布”。

（8）蓝瘦，香菇

“蓝瘦，香菇”是“难受，想哭”的谐音。2016 年 10 月，广西南宁一个小伙失恋后录制了一段视频：“难受，想哭，本来今天高高兴兴，你为什么要说这种话？难受，想哭……”由于带有浓厚的当地口音，“难受，想哭”听上去成了“蓝瘦，香菇”。这一谐音既有调侃味又有形象感，立马受到年轻人的追捧，频频出现在微博、微信公众号中。一些大学的食堂，还跟风推出了“蓝瘦香菇”炒菜（合炒西蓝花、瘦肉、香菇）。随后还有人用“蓝瘦香菇”抢注了公司。“蓝瘦，香菇”的流行，迎合了年轻人在表达上的游戏化心理。

2. 2015 年网络流行新词新句

（1）世界那么大，我想去看看

某天，一份辞职申请被发到网上，上面只有 10 个字：“世界那么大，我想去看看。”网友称其为“史上最具情怀的辞职申请”，于是一时间，网络上掀起了一股罕见的“小清新风”，来表达自己对放飞梦想、拥抱世界的憧憬。

（2）我的内心几乎是崩溃的

2015 年 1 月 3 日，某科技有限公司 CEO 在接受媒体采访中说了一句

“我的内心几乎是崩溃的”，由于此句很通用也符合很多人的心声，播出之后被不少网友争相借用，成为 2015 年第一句流行语。

（3）我带着你，你带着钱

据说，这句话是根据网上的一首原创小诗演绎而来的。一位上海的妈妈给正在上大学的孩子写了首诗，原诗是“春天来了，我们去旅游吧！我带着你，你带着钱，三亚也好，长江也罢，横穿唐古拉山口，暴走腾格里沙漠。让我们来一场说走就走的旅行！我带着你，你带着钱，哪怕是天涯，哪怕是海角！”高大上的诗意遇上“你一定要带着钱”的现实，不少网友读着读着就乐了。

（4）吓死宝宝了

这是某位网友的口头语。后来渐渐就被许多网友习惯性地挂在嘴边了，以一种俏皮的说法表达受到惊吓或感到意外的心境。

（5）我单方面宣布

这句话源自一则新闻标题“女球迷单方面宣布和梅西结婚”。网友们发现原来结婚也是可以单方面宣布的，于是“我单方面宣布”迅速风靡网络。

（6）人丑就要多读书

2015 年高考后，陕西商洛市 22 岁女孩被美国 6 所名校录取，并获得美国麻省理工学院全额奖学金一事，成为网络上热议的话题。该姑娘还自我调侃“人丑就要多读书”，引发众多人的感慨。后来拓展出“人丑就要多……”的通用句式。

3. 2014 年网络流行新词新句

（1）且行且珍惜

2014 年 3 月底，某知名演员回应出轨新闻，承认了“劈腿”传闻。随后，其妻（也是知名演员）在微博写了句“恋爱虽易，婚姻不易，且行且珍惜”作为回应。于是“且行且珍惜”开始流行。网友纷纷跟风造句，延伸出了减肥版、股市版等多个版本。

（2）你家里人知道吗？

这句话起源于一个在网吧看新闻的网友的一句话：“你这么×，你家里人知道吗？”然后一传十，十传百，“你家里人知道吗？”很快成了网络流行语。这句话的发展潜力和可扩展性也给了网友无限吐槽的灵感。

（3）画面太美我不敢看

这句歌词出自歌手蔡依林唱的歌曲《布拉格广场》，被网友引申为对奇葩事物的形容，比如一张图片很“雷人”，网友就可以用“那画面太美我不敢看”来形容它，多用于调侃和自嘲。

（4）现在整个人都不好了

这句话原本是天涯社区的求助帖子标题，其中有“现在整个人都不好了”的表述，后被广泛用于表达无语、无奈、受不了了等状态。

（5）也是醉了

这一“神回复”的创始人，可以追溯到金庸《笑傲江湖》里的令狐大侠。爱开玩笑的令狐冲曾这样讽刺别人的谄媚:“我一看到那些人的谄媚样，就浑身难受，摇摇晃晃几欲醉倒。”之后很多游戏的玩家们对此词情有独钟，喜欢说：“哇，这大神的技术，我也是醉了。”主要是一种对无奈、郁闷、无语情绪的含蓄表达方式。通常表示对人物或事物，无法理喻、无法交流和无力吐槽，多可与“无语”“无法理解”“无力吐槽”换用。

（6）有钱，就是任性

一条新闻称老刘网购保健品花 1760 元，不久陆续接到诈骗电话，老刘后来明知道自己上当了还一如既往地给罪犯汇款。记者采访老刘，老刘却说，被骗 7 万的时候发现上当了，当时觉得警察不会管，又想看他们（骗子）究竟能骗多少钱。这则新闻引爆互联网，网友调侃“有钱就是这么任性”。

4. 2013 年网络流行新词新句

（1）中国梦

“中国梦”以其清新的理念和亲和的风格，为广大民众所认同，成为 2013 年度的全民流行语。

（2）光盘

“光盘”就是“吃光盘中饭菜”的意思。2013 年 1 月，北京一家民间公益组织发起“光盘行动”。随后，中央电视台以此号召大家节约粮食。“光盘”被捧为时尚新词，“今天你光盘了吗？”成了流行语。

（3）逆袭

该词是日语的舶来词，意思是在逆境中反击成功。如今意义和用法有所拓展，指新事物冲击旧事物、后浪推前浪、条件较差的小人物获得巨大成功等，都可称“逆袭”。

（4）女汉子

“女汉子”指访谈、举止等具有男子汉气概的女子。

（5）土豪

该词本是汉语中的固有词语，特指旧时农村中有财有势的地主恶霸。这里的“土豪”泛指暴富的、文化素质不高的人，也指喜欢炫富的有钱人（暗含讽刺或戏谑意）。

（6）奇葩

该词本来指奇特而美丽的花朵，常用来比喻不同寻常的优秀文艺作品。如今广为流行的“奇葩”，则来源于网络，常用来比喻某人某事或某物十分离奇古怪，世上少有。

（7）点赞

该词起源于各大社交网站回帖的“赞”功能。当下频频出现在报刊上的“点赞”，词义有了演变，它成了点评的一种。与点评不同的是，点赞只说好话。

5. 2012 年十大网络流行新词

（1）正能量

该词指的是一种积极健康、起正面作用的能量。“正能量”本是物理学名词，霍金在《时间简史》中就用过：“宇宙中的物质是由正能量组成的。”“正能量”的流行源于英国心理学家理查德·怀斯曼（Richard Wiseman）的专著《正能量》（*Rip it up*），书中将人体比作一个能量场，通过激发内在潜能，可以使人表现出一个新的自我，从而更加自信、更加充满活力。当下，人们为所有积极的、健康的、催人奋进的、给人力量的、充满希望的人和事，贴上“正能量”的标签。

（2）舌尖上的××

2012 年中央电视台播出纪录片《舌尖上的中国》，展示了中国各地的美食生态和丰富多彩的饮食文化，引起广泛关注。此纪录片的走红，使得

“舌尖上的××”也受到了人们的青睐，俨然成了饮食文化的“代言人”，灵活地表达了与之相关的丰富意蕴。如“舌尖上的中国”，即中国的饮食文化；“舌尖上的快乐”，意思是品味美食的乐趣；而“舌尖上的爱情”则可以理解为与饮食息息相关的爱情生活。

（3）躺着也中枪

一般而言，枪战中如果躺在地上，中枪的概率是最小的。“躺着也中枪”用来形容无缘无故地受到牵连，或被卷进是非中。该说法是周星驰电影《逃学威龙》中的一句台词。剧中双方激烈打斗，某人装死，另一人向地上发了一枪，正中装死的人，装死的人叫道：“躺着都能中枪！”现在也有人使用缩略形式“躺中”“躺枪”，还有人干脆说“中枪”，表达的都是同样的意思。

（4）高富帅

该词指高大、富有、帅气的男人，是由三个单音节形容词并列构成的准固定词组。“高富帅”和“白富美”（肤白、钱多、貌美），被认为是择偶方面最有优势的男性和女性。最初这两个词是网民对青春偶像剧和日本动漫中男女主人公特征的概括，表达了对虚拟世界里“高富帅”与“白富美”之间童话般婚恋的艳羡，同时也寄托着对理想生活的向往和对平凡现实的自我解嘲。“高富帅”和“白富美”现已成为日常生活里的热门词语。

（5）压力山大

该词意思是压力像山一样大。这个词是由我国男女老少最为熟悉的外国人名之一“亚历山大”，通过谐音、暗喻演变过来的。前半部分谐音，后半部分暗喻。后来又出现变体“鸭梨山大”，使之更加诙谐有趣。“压力山大”新用法一出现，就被人们广泛接受，一来是交际上的需要，二来是念着顺口、听着顺耳，并且幽默感十足。

（6）赞

该用法先在网络上流行，然后进入传统媒体，有动词、形容词两种用法。做动词的“赞”可以替代许多双音词：赞美、赞赏、赞叹、赞同、赞许，以及称赞、夸赞等。作为形容词的“赞”表示好，有一定的方言依据，如上海话里“蛮赞”便是很好的意思。

（7）最美

该用法是“最美丽”的简称，新兴的用法“最美＋身份”的组合作为一种对人物的美称在 2012 年已成为感动中国的新力量。这种组合的流行始于“最美妈妈”。2011 年，一名 2 岁女童从 10 楼坠落，正在楼下的吴菊萍冲过去用左臂接住了孩子。女童得救了，而吴菊萍左臂粉碎性骨折。人们称赞吴菊萍为“最美妈妈”。此后各种“最美”称号不断涌现，如“最美教师张丽莉”“最美司机吴斌”“最美警卫战士高铁成”“最美女法官厉莉”等。

（8）接地气

该用法本义是与大地的气息相接，民间常说的“水土不服”就是不接（当地的）土地之气（泛指自然环境和气候）。流行语“接地气”中的“地”用的是比喻义，指老百姓的生活。“接地气”就是贴近老百姓真实生活的实际，反映百姓真实的生活情感。莫言的小说就是“接地气”的一个典型。而党员干部“接地气”，就是要深入基层，广泛接触民众，了解民众的苦与乐、民众的意愿和需求。

6. 2011 年网络流行新词新句

（1）亲

“亲”是“亲爱的”的简称。“亲爱的”是一百多年前为了翻译西方语言而“新”造的，用作名词和形容词，大体上跟英语中的 dear 和 darling 相对应。几年前，“亲”曾在某些群体中小范围露面，随后进入淘宝网的交易平台，“亲，快来抢购哦！”“亲，包邮哦！”于是“亲，×××”风行起来，人们称之为“淘宝体”。跟“亲爱的”相比较，“亲”显得简洁，也屏蔽了“爱”字的暧昧色彩，亲切感却有增无减。

（2）伤不起

2011 年，“伤不起”火爆起来，和网络上的一篇题为《学法语的人你伤不起啊！》的帖子有关。这个帖子历数学习法语遇到的种种困难、种种无奈，并且几乎每句话都以“啊”结尾，后面还有一个接一个的感叹号，人称“咆哮体”。随着该帖大热，“伤不起”成了热词，“×××，你伤不起啊！”也成了热门句式。

（3）卖萌

“卖萌”的“萌”，是从日语舶来的。日本的动漫爱好者用“萌”形容非常受喜爱的人和事物，特别是动漫中的美少女。“萌”进入汉语以后，有了稚嫩而惹人喜爱的新义项。可以说“萌少女”“萌女郎”等。“卖萌”的“卖”，不是出卖，而是故意表现在外面，让人看见。“卖萌”的意思是装可爱、扮嫩、撒娇，一般具有调侃色彩。

（4）吐槽

该词也来源于日语，指漫才（类似于中国的相声）里的“突っ込み”（类似于相声的捧哏）。有人将它译成“吐槽”，后引申指发表不满的言论和意见，多用于嘲笑、讥讽、抱怨，甚至谩骂。当前，主要有两种用法：一是揭人家老底——批评别人；二是揭自己老底——表述心声。

（5）气场

“气场”本是一个中医术语，指人练习气功时在其体内外所形成的气势，或指宇宙间磁场的气流，能显示出一个人的整体状态，包括健康、心理及修为等。美国心灵励志大师皮克·菲尔著有一本谈比尔·盖茨、奥巴马等世界名人超凡魅力的书，此书引进中国后，书名被译成了《气场》。“气场”于是流行开来，指由气质、学识、修养等的综合表现而形成的超凡魅力。具有强大“气场”的人必定富有吸引力和影响力。2011 年的人物报道，流行拿“气场”说事儿。

（6）悲催

“悲催”是个形容词，形容失意、伤心、难过、哀痛、丧失信心等时候的状态，由短语“悲情得催人泪下的”缩略而成。从短语的字面上看，似乎“悲”的程度很高。其实不完全如此，该词常常带有或多或少的调侃或宣泄的意味。口语中可以说“很悲催”“悲催的是”“悲催啊悲催”“悲催的一天”等。活跃在网络上的有三种写法，即悲催、悲摧、悲衰（“衰”读作 cuī）。后写法渐趋一致，都写作“悲催”。

（7）忐忑

歌手龚琳娜演唱的《忐忑》风靡一时。这首歌没有明确的歌词，全是由让人听不懂的“啊、唉、哟、咿”等音组成，但在演唱者极具特色的表演下，广大听众为之着迷。《忐忑》被人们戏称为“神曲”，从年过花甲的老太太到年仅几岁的小孩儿都竞相模仿着歌唱，连大牌歌星也不例外。“忐忑”这个词于是火了起来，用法也进一步得到了丰富。该词本来是形容词，后来又演变出做动词（如“忐忑了整整一天”）、名词（如“结束忐忑”）的用法来。有人说，这是“神曲”提振了“神词”。

7. 2010 年网络流行新词新句

（1）给力

给力的字面意思是给以力量，引申指带劲儿。它出自网友配音的某动画片。该动画片受到网友追捧，“给力”也由此流行。2010 年 11 月 10 日，“给力”登上《人民日报》头版头条，这被视为权威媒体认可网络词语的标志性事件，美国《纽约时报》也因此发文介绍“给力”。

（2）神马都是浮云

“神马”不是马，而是“什么”的谐音；“浮云”则指转瞬即逝的事物。两者结合，意思就是什么都不值得一提。它可用于抱怨，可用于感叹，还可用于表达超然的心态，成为许多人的口头禅。

（3）“围脖”

“织围脖”是当今的时尚，其中的“围脖”是“微博”的谐音。“织围脖”即“写微博”。与博客相比，微博使用方法更简便，信息传播更迅捷，因此深受用户的青睐。如今互联网已进入“围脖时代”，不仅名人热衷于“织围脖”，普通人也乐于成为“织男”“织女”。

（4）围观

无事围观，曾被鲁迅斥为国人陋习。但如今流行的“围观”，意为关注，不再含有贬义。《南方周末》曾发表文章《关注就是力量，围观改变中国》，认为公民的围观、民意的关注，可以“让良知默默地、和平地、渐进地起作用”，最终会促进公权力的合理使用。广州亚运会期间，从抵制番禺垃圾焚烧，到呼吁改变地铁惠民方式，自发的公民“围观”引人瞩目。

（5）×二代

“代”有世系的辈分的意思，“二代”即第二代。如今社会，“×二代”丛生：官二代、富二代、穷二代、文二代（作家子女）、星二代（明星子女）、农二代（农民工子女）、独二代（第二代独生子女）……“×二代”如此流行，是与社会结构的板结化不无关系的。

（6）拼爹

“拼爹”的“拼”是比拼。短兵相接要“拼刺刀”，掰腕子要“拼力气”，马拉松要“拼耐力”。“拼爹”则拼的是“爹”的地位和实力。“我爸是李刚”“我叔是金国友”，都是典型的“拼爹”类语言。这类词语的流行，反映的是大众对社会不良现象的不满情绪。

（7）××控

“××控”，是指极度喜欢某种事物的人。非常喜欢长头发的人叫“长发控”，半夜醒来还忍不住要去发一条微博的叫“微博控”，拿着“世博护照”遍场跑馆盖章的人叫“敲章控”，疯狂参加圣诞活动的叫“圣诞控”。“××控”的结构是从日语来的，而日语中的这个“控”则源于英语单词 complex（情结）。日语中“控”的读音与 complex 开头的音相近，日语中用“控”来表示具有某种情结的人。用“控”对译 complex，既有读音的对应，又有意义的结合——深爱某个对象。

（8）××帝

“帝”，本义是君主、皇帝，如中国的“康熙皇帝”，外国的“彼得大帝”。在流行语中该用法指某些领域中成就大、造诣高的人，如“影帝”。如今，只要拥有某一特点即可称“帝”。2010 年，各种人物频频称“帝”，如“数钱帝”“表情帝”“体操帝”“贺岁帝”等，而最有名的“帝”却不是人而是章鱼——预测南非世界杯足球赛结果的德国章鱼“保罗”，它预测八场，场场皆中，被称为“章鱼帝”“保罗帝”“预测帝”。

（9）达人

中国古代就有“达人”一词，指通达事理、乐观豁达、行事不为世俗所拘束的人。“达人”被引入日语后含义发生了变化，如今又从日语传了回来，指在某方面（学术、艺术、技术等）非常精通的人，如“网络达人”“理财达人”“社交达人”等。

（10）穿越

传统的“穿越”对象是空间，如“穿越边境”“穿越沙漠”。现在流行的“穿越”，则是“穿越时空”的简称，是文艺作品中一种展开情节的流行手段。穿越电影、穿越电视剧、穿越小说等有共同的特点：人物会不断地往来于不同的时空。这种时空的错乱，容易让受众费解或误解，于是，“穿越”又被赋予了“玄”“乱”“令人莫名其妙”等意思。

8. 2009 年网络流行新词新句

（1）不差钱

该词是东北地区的方言说法。2009 年春晚的一个小品，用它做了节目名，产生了轰动效应，后在全国流行开来。在实际使用中，多带有调侃的色彩，并不纠缠于钱多钱少。

（2）低碳

所谓“低碳”，是指温室气体（以二氧化碳为主）排放量较低的。温室气体是全球气候变暖的罪魁祸首，影响到了人类社会的可持续发展。2009 年 12 月哥本哈根联合国气候变化大会在世界范围内又一次掀起了“低碳”浪潮。“低碳”经济、“低碳”科技、“低碳”城市、“低碳”生活……“低碳”已成为“绿色”的重要标志之一。

（3）裸

该词本义为露出，没有遮盖，流行语用的是引申义，即除了自身外，什么都不附带的。比如“裸婚”是结婚时没有房子、汽车等财产，“裸退”指退休后不再担任任何职务。

（4）纠结

该词本为动词，表示互相缠绕。自从一部动画片中有个角色大呼“纠结啊”之后，“纠结”便在网络上走红。2009 年起，这个词广泛见于纸质媒体，并且用法多样：可以做名词，表示解不开的心结；可以做动词，表示陷入复杂而尴尬的境地；可以做形容词，表示思绪纷乱、心情烦闷。

（5）秒杀

该词起先是网络游戏的专用词，指瞬间击杀，在极短的时间内击败对手。2009 年 9 月，某购物网站周年庆推出了“秒杀”活动：开始后网络买家可以按照远远低于成本价的“秒杀价”买到指定商品，而这种优惠在短时间内就会结束。于是“秒杀客”“秒杀族”应运而生，并且越来越多。此后，“秒杀”又用于其他领域，比如股市中某股票价格在短时间内大幅下跌，也叫“秒杀”。

（6）蜗居

该词本来用于谦称自己的住所，比喻窄小的住所。这一词语的流行和 2009 年热播的同名电视剧有关。在房价节节攀升的大背景下，电视剧中年轻人为买房而沦为“房奴”的故事引起了大众广泛的共鸣，让人们对“蜗居”一词有了深刻的印象。“蜗居”不仅可指空间上的狭窄，也可指精神上的“狭窄”。

（7）蚁族

青年学者廉思主编的《蚁族：大学毕业生聚居村实录》一书出版后，“蚁族”一词就频繁地在各种媒体上亮相。它指的是受过高等教育、聚居在城乡接合部或近郊农村、在大城市就业打工的年轻人，因和蚂蚁有若干相似之处而得名。他们虽然弱小，但胸怀理想，充满活力，具有挑战的意识和顽强的意志。

9. 2008 年网络流行新词新句

（1）山寨

该词源自广东话。最早出现的新词是“山寨手机”，那是一些用低廉成本制成的仿冒名牌产品的手机。此后该词语义逐渐发生变化，除了用来指仿造产品之外，还可指“民间性质的”“非主流的”。

（2）囧

这个词是一个早已废弃不用的古字，读音为 jiǒng，义为“光”“明亮”。因它的字形很有特点，有点儿像人的脸部，呆滞的四方脸，配着一个张着的大嘴巴，两眉向下耷拉着，一副苦恼的样子。而且，它的字音又与“窘”相同。于是古字今用，被赋予“郁闷、尴尬、无奈”之义。

（3）口红效应

在美国，每当经济不景气的时候，口红反而热卖。因为口红是廉价商品，也是女性的生活常用品。没有“大钱”去买房、买车、出国旅游，用点儿“小钱”买一点儿口红把自己打扮一下，为生活增添点儿色彩，是不成问题的。口红效应，指的是经济出现危机时，廉价的生活必需品不会受冲击，照样会有好的市场。2008 年，金融风暴袭遍全球，“口红效应”随之流行。

（4）拐点

该词原是高等数学的术语，指曲线上凸与下凹的分界点。后来借用于经济学，指某种经济数值持续向高后转低或持续向低后转高的转折点。现在多用来说明市场运行中由高价位开始下跌或由低价位开始上升的转折。

同样是受金融风暴的影响，“拐点”也成为2008年的词语宠儿。

（5）宅男宅女

该用法来自日语。简单地说，“宅男”指整天待在家里很少出门的男子，“宅女”指整天待在家里很少出门的女子。他们大多是独身者，十分依赖电脑和网络，不喜欢外出，不喜欢交际，在家里做着自己喜爱的事，自得其乐。

（6）不折腾

时任中共中央总书记胡锦涛在纪念党的十一届三中全会召开30周年大会上指出：“只要我们不动摇、不懈怠、不折腾，坚定不移地推进改革开放，坚定不移地走中国特色社会主义道路，就一定能够胜利实现这一宏伟蓝图和奋斗目标。”“不折腾”三个字立即引起了全世界的关注，直接以汉语拼音对应的buzheteng的词形进入英语中。“不折腾”传遍了全世界，成为一个世界流行语。

（7）非诚勿扰

该短语本是2008年一部贺岁档电影的片名。由于宣传造势到位，影片上映后票房飙升，冲破3亿大关。“非诚勿扰”这个四字格短语，在2008年底迅速走红。

第三节　网络流行新词语的教学方法

一、基于能产性语素的发散式教学法

（一）用类推法总结构词规律

汉语词汇中有很多的能产语素，通过对这些语素进行总结，国际汉语人才能掌握一些构词规律，从而掌握一系列网络流行新词语。如“族”，我们学习了“打工族”“海归族”“啃老族”这类词语后，便可以总结出“族”这个能产语素，它的意思是指有共同属性的一类人，进而我们可以推断出“蚁族”“丁克族”等的意思。了解了这种构词规律后，学习者用类推法就

可以对这些能产语素构成的网络流行新词语的意义自学掌握了。

但是其中仍然有一些特别的现象值得我们关注，由类推法产生的一大批网络流行新词语中，有些词是作为主干词语与其他词组合而成的，其意义范围或多或少产生了一些变化，如词义的扩大或缩小。如“酒吧”这个词是表示类别的“酒”字加英语单词 bar 的音译词“吧”组成的。《现代汉语词典》（第 7 版）里“吧”的释义为“酒吧”，是英语 bar 的音译。随后“吧”词义扩大，类推出各种各样的“吧”，基本上都是表示一类特定的场所，如“网吧”“书吧”“氧吧”“茶吧”等，还有网络中的“贴吧”等。对于这样的词，教师在讲解的过程中，就可以把其中的“吧”解释为某种特定类别的活动场所。

又如“城”，在《现代汉语词典》（第 7 版）中的解释为“城墙；城墙以内的地方；城市”。在对外汉语教材中，将其翻译为 city。然而近年流行的“××城”使“城”有了新义项，可表示大型营业性场所，如“游乐城”“电脑城”“航天城”等。因此，如果我们在讲授的过程中，单纯告知学生“城”的意思是 city，学生一般都会理解成为“城市”的意思，那么他们就会很困惑。我们中国的城市里为什么会有这么多的城市？这与现实是严重不符的，会对国际汉语人才的认识造成负面的影响，因此我们在讲授的时候应该将“城”表示大型营业性场所的意义讲清楚，并多用词语和例句来辅助解释。

（二）增加新义项的比较联系教学法

在原有的词语上增加了新的义项，该词就成了相对意义上的网络流行新词语，也就是旧词新义。这类词可以联系新义产生的特点进行讲解。如“养眼”的本义是保护眼睛，如：

例 1：我们要注意养眼护眼。

在这个义位的基础上引申出第二义项，即看了美丽的风景、容貌等使人视觉愉悦，如：

例 2：布置一个养眼的家居环境是设计师首要考虑的问题。

例 3：这部电影挑选的男女主角都很养眼。

我们能够发现这类词语的第一个义项和由此类推出的第二个义项，两者所搭配的对象在功能上具有相似性，怎样才能保护眼睛，即怎样更好地养眼，一个舒适的视觉环境或漂亮的外形使人看了能在视觉上产生积极的效果。这样多次的搭配后，“养眼”这个词语就引申出“漂亮”这一义项。诸如此类的词语如“套牢”，其本义是股市常用词，指投资者买入股票等证券后，因价格下跌而无法获利卖出，有被限制、束缚住和使之无法脱身的意思。例句如下：

例 4：股市动荡不堪，投资者都被套牢了。

由于其束缚、限制的意思，人们逐渐将这个词扩大到别的领域，如：

例 5：中国人都被房地产市场套牢了。

例 6：婚姻将他俩的自由死死地套牢，气都喘不过来。

这两个例句中“套牢”不再是股市用语，搭配的对象也不尽相同，然而这两句中的“套牢”都含有限制、束缚的意思，正是由于这种相似，“套牢”这个词才能从股市用语延伸到其他领域中去。教师在讲授这类词语时，可以联系新旧义项，寻找其意思和功能上的相似点。

（三）还原缩略成分教学法

新事物、新概念的频繁出现，使得很多三音节甚至多音节词、外来字母词层出不穷。语言交际的经济性原则以及现代社会人们生活节奏的加快，都要求新出现的词语能用简洁的形式表达意义。缩略语的产生就顺应了这一趋势。在讲解这类网络流行新词语的时候，还原缩略语的原型是一种很好的方法。如“白骨精”的意思是白领、骨干、精英，“高富帅”的意思是高大、富有、帅气，讲解这类词时可摆出其原型，与缩略语两者做对比，让学习者了解，这些缩略语都是通过抽取原型中的关键语素或音节构成的。有一类缩略语由于其省略的成分较多，所以教师需要讲解原词语才能让学习者明白。

（四）修辞义分析教学法

通过运用一些修辞法，如比喻、仿拟、借代等加工过的网络流行新词语，往往给国际汉语人才带来理解上的难度。由于思维和表达方式的差异，国际汉语人才很难将这类词语的新义与原词联系起来。因为这类意义都是通过修辞手法而形成的引申义、比喻义或借代义。如“下课”原指上课时间结束，现在还指辞职或被撤换；“出炉”原指取出炉内烘烤、冶炼的东西，而现在新政策和新方案出台、颁布也可以说“出炉”，考试结果公布也可以说“出炉”，连选美决出冠军也可以说“出炉”。运用仿拟临时造出来的网络流行新词语如“白领”“粉领”“蓝领”“商机”“战机”等，这类对中国人来说形象、传神、富有比喻色彩的网络流行新词语，对国际汉语人才而言，他们的认识和我们却大大相反，他们会认为这种表达方式是错误的。所以在讲解这类网络流行新词语时，要注意讲解它们的修辞义，指导学生掌握词语的比喻义、引申义等语言常识，如比喻可以将抽象的事物变得形象、具体，仿拟可使语言生动活泼，借代可使语言新鲜别致、幽默风趣。通过学习这些常识，加强国际汉语人才学习此类网络流行新词语的类推能力，让他们多接触动态的交际和媒体用语，从而增加他们的词汇量，提高他们的交际能力。

二、联系中国文化的发展讲解网络流行新词语

正所谓“和而不同”，各国之间的文化既存在共性又各自保有特点，造成了文化之“花”的争奇斗艳。对于这种情况，前者多表现为文化的相似性和相通性，后者则往往表现为文化的独特性和真空性。这样的差异平时不会显得特别突出，但在社会生活发生渐变和骤变时，这种潜在的因素常常会导致语言这一特殊的社会现象紧随社会生活进展的步伐而迅速发生变化。

网络流行新词语的产生除了与中国社会自身的快速发展有紧密联系，改革开放的深入以及全球化趋势的加强也对此影响巨大。在这样的时代背景下，大量外来词进入汉语词汇系统中，并由于其被广泛地使用而稳定下来。这也充分体现了汉语的开放性和包容性。在讲解网络流行新词语的时候，应针对其产生的时代背景，为中高阶段的学习者进行适当的补充说明，这样比单一地要求他们识记，效果要好得多。

对外汉语教学的目的是培养国际汉语人才运用汉语的实际交际能力，使他们了解汉语言背后承载的文化背景。每个网络流行新词语产生的背后都，承载着相应的文化内涵，国际汉语人才对其往往会产生浓厚的学习兴趣。旧词新义中的很多词具有这一特征，如“八卦”一词，原指我国古代一套有象征意义的符号，后来指没有根据的、荒诞低俗的。在香港，人们把专登名流绯闻、天下逸闻以及星相命理等光怪陆离之事的报刊称为“八

卦报刊"。后来这个意义流传到内地，从而使"八卦"添加了新义。在讲解这类网络流行新词语时，特别是文化色彩浓厚的一类词时，对其文化背景做出解释，所产生的教学效果是非常明显的。

三、运用多媒体教学软件

先进的科技改变了传统的平面课堂，多媒体教学软件的使用，使"师-生"二元教学结构具有了新的生命力。网络流行新词语的教学软件采用文本、图片、音频、视频、动画等丰富的表现形式，不但可以活跃课堂，还能够调动学生的学习积极性，激发学习者的学习兴趣，"视、听、说"同步，教学效果会得到极大的增强。例如，教师用多媒体创设情境，帮助学生认识单词。汉语词汇教学开始时，教师往往通过口头描述与手势语解释生词的意思，这样不仅会花费大量的时间在生词的解说上，学生的理解也并不全面，而通过道具解说生词会给教师带来物质资源上和准备时间上的压力。因此，教师可以利用多媒体创设直观形象的教学情境，提高词汇教学效率。同时，让学生从生动形象的实物出发，完成对词汇的抽象记忆，这也符合学生认识事物的规律。

此外，多媒体示范发音，让词汇教学更规范。汉语词汇的听、说、读、写是教学的重点，只有学生在这些方面具有扎实的功底，口语、阅读等教学效率才能从根本上得到提升。然而，传统方法有老师带领学生读生词和学生跟随磁带读单词两种，但是缺乏口腔动作示意图，同时跟读过程比较单一乏味。通过多媒体教学，词汇发音除了可以在词汇底部配图增加趣味性外，还能增加口腔变化的三维示意图，让学生发音更标准。传统教学中，教师在学生有一定的词汇基础之后，往往会通过板书的方式归纳，帮助学生记忆该类词，但是板书的方式往往是对词汇和翻译本身的记忆，难以帮助学生通过构造真实情景的方式完成有意义的记忆。通过多媒体配图的方式实现词汇归类，有利于优化汉语词汇的归纳总结教学。

四、小结

我们通过对网络流行新词语教学在对外汉语教学中的现状分析以及对国际汉语人才汉语网络流行新词语认知度的调查，分析了网络流行新词语教学在对外汉语教学中的重要性，发现网络流行新词语教学无论是在提高对外汉语词汇教学方面还是在满足学生的实际需要方面，都是当前对外汉语教学中一个很重要的课题。对此，我们提出如下建议。

1. 利用词汇系统的动态属性，从大纲到具体的教学，应吸收更多的网络流行新词语，并且随着学习阶段的提高逐渐增加网络流行新词语的数量。为适应网络流行新词语发展变化快的特点，大纲每两三年出一份补充词汇表，以便给教学工作提供指导。

2. 可开设有关网络流行新词语的选修课程。可凭借此类选修课，让汉语网络流行新词语走进课堂，在此期间，课程、教材与教师的讲解起的作用很大。

3. 网络流行新词语教学的方法还有待探索。网络流行新词语教学是理论性与技能性兼而有之的一种特色教学，如何使理论知识与技能训练相结合，还有待今后进一步探讨。总而言之，网络流行新词语教学是国际汉语人才扩大汉语词汇量、学习汉语语言知识、了解当代中国社会和提高语言实际能力的重要途径，应给予及时的关注和研究，使对外汉语教学能与时俱进。网络流行新词语教学涉及的内容纷繁复杂，前人研究的成果相对较少，可供参考的资料有限，所以我们的研究有些地方还很粗浅，不够深入、具体和全面，我们还应关注以下问题，加强研究。

首先，对网络流行新词语的界定还存在着争议，如旧词新义的问题。新与旧是相对的概念，旧义在刚开始出现时也是新义，新义过一段时间后也就变成旧义了。另外还有如何区分新旧词汇的时间界限的问题，要知道词汇的新旧交替是复杂的，不可能明确规定一个具体的时间，为了方便研究，我们只能大致划分这个时间界限。

其次，对外汉语教学中如何选定网络流行新词语的范围也是一个值得关注的问题。对于网络流行新词语，既不能盲目全盘接收，也不能拒绝所有新变化。网络流行新词语要进入全社会的交际使用范围中，在时间、公众选择以及社会接受度上都要经过考验。只有经过考验过后的意义健康、表达明确、利于交际的网络流行新词语才会被广泛使用并进入对外汉语词汇教学中。语言工作者要对网络流行新词语保持着动态关注和高度敏感的眼光，时刻注意新出现的网络流行新词语，同时也要注意规范那些低俗、晦涩难懂的网络流行新词语。

最后，网络流行新词语的教学研究要加强不同地区、不同专业领域专家间的合作。网络流行新词语教学还处于起步阶段，教学路子尚待探索。对外汉语教学的对象，在学习中遇到的难点不尽相同。网络流行新词语教学虽然只是对外汉语词汇教学中的一部分，但是探讨这个论题却意义重大，在此希望能够引起大家对对外汉语教学中网络流行新词语教学的关注，切实了解到国际汉语人才的实际需求，并予以实质性的帮助。

第七章

国际化专业汉语人才分类培养（Ⅴ）——医学领域

第一节　医学领域国际汉语人才培养背景

随着我国国力的增强，全球经济一体化的发展等，我国与其他国家的交流越来越广，这使跨文化交流也愈加广泛。医药卫生方面的国际交流与合作也同样越来越频繁。以临床专业为例，随着全球进入老龄化社会，许多国家都面临临床人员短缺的问题，而在国内，越来越多的外资医院的建立及公立医院“国际门诊”的设置，都急需大量具有医学知识的专业国际汉语人才。因此，专业医学汉语开始受到越来越多的关注。许多招收国际汉语人才的医科类学校都开设了医学汉语课程，力求在短时间内大幅提升医学国际汉语人才的专业汉语知识水平。然而由于医学汉语本身的特点，教师的教和学生的学都处于相对困难的境地，医学专业汉语教学质量不高，制约了本领域国际医护人才的培养。特别是医学汉语词汇的学习更成了留学生最为担忧的事，然而医学汉语词汇却是学好医学汉语的前提和基础。

一、医学汉语词汇教学的现状

大量复杂的医学汉语词汇给不少医学专业国际汉语学生造成了困难，特别是对于初学者来说，学习新的词汇时没有很好的方法，很多国际汉语人才记忆词汇不仅花费大量的时间，并且效率低。有些学生虽然记住了词语本身，但没有真正理解和掌握词语的用法。在教学过程中，教师往往因为学生不能有效地掌握词汇而有挫败感。无论是在理论的学习上，还是在听说实践教学中，由于学生没有掌握必要的词汇，教师往往要减慢教学进度。在教学之初，教师要用大量的时间来系统地讲解医学汉语词汇的构成，这就有可能影响整体的教学进度和教学效果。

其实医学专业词汇的构成也是有规律可循的。我们认为，在理解医学汉语构词特点的基础上，为学生选择最佳词汇习得策略——“词根”策略，可以帮助他们了解医学词汇的特点，让他们很好地记忆医学词汇，从而提高医学汉语整体教学效果，更好地满足市场对职业技能人才的需求。

目前国内外研究词根的文献有一个共同特点，几乎都局限于普通汉语词汇，且方法枯燥、不能吸引学生。保罗·内申（Paul Nation）认为应用词根策略是最适合科技类词汇学习的方法，这一习得策略富有趣味性，在学习词汇知识的同时可以培养学生诸多能力，如交际能力、合作能力等。相对来说，这一策略是较适合应用在医学汉语词汇教学中的，由于没有先例，如何加以应用就成为我们着重关注和解决的问题。

二、专业汉语词汇教学对于“一带一路”核心区医学专业汉语人才培养的作用和意义

医学院校在教学中对汉语能力的培养通常包括语法和词汇两个方面，其中语法方面并没有走出汉语专业的语法教学框架，而且在我们要讨论的汉语教学当中，国内的院校通常会选取中译本，其中的汉语整句数量占比还是相对较低的，教学重点仍然是医学方面的专业汉语词汇。研究发现，语言学习中的生词占比在5%以下是最适宜学生学习的，但是从目前的医学教材来看，其中的专业汉语词汇占比远不止5%，词汇的专业性使大多数生词无法被学习者准确使用。由于医学知识的高速发展，许多新词语也不能够及时被翻译，这也进一步导致了汉语词汇在医学教材中占比的增加。同时，医学领域的理论和成果共享使得医学专业汉语词汇的应用成为一种必须。这两个方面都导致了医学教学中的专业汉语词汇占比远远高出了生词在学习中形成障碍的标准限制。我们对国内大部分医学教学中的汉语词汇进行了总结，发现其中专业汉语词汇的占比高达10%～20%，而且在某些领先的专业医学刊物上，医学专业汉语词汇的占比则更高。专业汉语词汇占比过高使得专业汉语词汇教学显得尤为重要。

在遵循医学词汇的规律和特点的基础上采取相应的教学策略，能帮助“一带一路”医学专业国际汉语人才掌握医学汉语词汇的构词规律，让他们进行系统的学习，慢慢建立起属于他们自己的医学汉语词汇库，为他们阅读医学文献和药品说明书、书写汉语摘要和医学报告等打下基础，帮助他们了解、学习我国的医学理论和技术，为他们提供和国际医学接轨的机会。

第二节　医学领域词汇特点分析

医学汉语作为一种专门用途的汉语，旨在培养学生阅读、翻译医学文献资料的能力和用汉语书写医学文件的能力，提高学生参与相关国际医务交流的能力。医学汉语词汇具有专业性强、词汇较长、难于记忆等特点，医学汉语词汇教学作为医学汉语教学的一个重要组成部分，直接影响学生学习的效果，成为教学研究的关注点。教师应积极探索有效的教学策略，以提高医学汉语词汇教学的质量，培养学生阅读汉语医学文献并用专业汉语沟通和写作的能力，为他们学习和借鉴医疗信息资源、参与专业交流奠定基础。

医学汉语教学主要包括医学知识和汉语语言学知识两方面内容，二者的结合是医学汉语教学成功与否的重点和难点。而医学汉语词汇又是二者能否有机结合的重要纽带，起到黏合剂的作用。医学院校的国际汉语人才在学习过程中遇到的最大难点就是医学词汇。医学汉语词汇量大已经成为医学专业学生阅读医学文献、药品说明书，书写汉语摘要和医学报告等的“拦路虎”。了解和分析医学汉语词汇的特点和发展现状，是解决这一难题的第一步。

一、医学汉语词汇的主要类型

（一）派生词及冠名型术语

医学汉语词汇主要类型中的派生词和冠名型术语较多，这是医学汉语教学的一个难点。在派生词方面，医学汉语的派生词有很大一部分来自希腊语和拉丁语，占比高达95%，只有很少一部分来自常规的汉语，例如，对于“消化不良”的构成就分为了“不良”和“坏”两个部分，此类的派生词在医学专业词汇的应用中极为普遍。

冠名型术语通常应用在特别病例或疗法上，这些冠名型术语通常包含两个部分：表达特征和解决方式的前缀、具体的病例或疗法类型。冠名型术语在翻译上为求准确，广泛采用了人名和地区的音译，其中也有许多规范，确定之后，通常在短时间内不会再有较大的改动，久而久之就成为一种约定俗成的表达方式，如“子宫下端剖宫产术”“体外震波碎石机”“后牙残冠”等。

（二）专业词汇的使用方式及缩略词

专业词汇在使用中的意义通常会区别于常规汉语词汇的意义，类似于汉语当中的一词多义现象。不同的是，这种意义上的区别可能较大。缩略词通常将原本较长的词语通过较为简单的方式书写，保留了原有意义的同时提高了记忆的效率，但由于缩略词数量众多，也增加了学生学习和记忆上的难度。

（三）新型疾病和医疗方式形成的新词语

随着时代的进步与发展，人们的生活水平日益提高，各种新型疾病和导致人们进入亚健康状态的疾病被总结为“现代文明病”，这类疾病的类型繁多，定义更为复杂。随着医学研究的日益深入，对于相应病例的专业词汇描述更为艰涩和复杂，因此，这也成为医学汉语新型专业词汇的来源，例如“孤独症”“慢性疲劳综合征”“抑郁症”等。

在医学疗法上，由于科技水平的提高，高科技手段和系统性的调养医疗方法也大量出现，相关类型的疾病监测技术、诊断技术、医疗设备操作方法、高科技疗法等也层出不穷，这使得这类专业名词的汉语词汇也在大幅增加，例如“磁疗”“化学疗法”“工频X光机”“核磁共振”等。

（四）来源于医疗保健的新型词汇

社会的进步和科技的高速发展，对人们的生活产生了巨大的影响，人们的健康、保健意识也有了不同程度的提升，人们越发关注健康和养生，由此，也促进了医疗保健行业的发展。随着医疗保健行业的发展，相关的医学专业新词语也不断出现，常见的如“保健品”“针灸理疗”“胎教”等。

二、医学汉语词汇的特点和构词方式

（一）医学汉语词汇的特点

汉语作为联合国六种工作语言之一，也是世界上使用人数最多的语言，被广泛应用于医疗领域。医学专业学生和医务工作者在了解医学信息和最新医疗动态时，需要阅读医学文献和药品说明书、书写汉语摘要和医学报告等，因此，扩大医学词汇量是他们学习和研究的基础。医学汉语之所以有别于普通汉语，主要是因为医学文章中大量使用专业词汇，而这些词汇在其他领域的文献中几乎是用不到的，这使医学汉语形成了独特的风格。医学专业词汇量非常大，仅名词就有十几万个，但是基本的词素并不多，而且构词方式有很强的规律性。医学汉语词汇一般一个词只代表一个意思，所以记住一个词并不能对记忆其他词有任何帮助。医学汉语中还有大量的缩略词，在医生处方、手术、药物、医疗器械以及其他医学词汇里，有许多由某个词语的前几个字或词的首字缩写组合的词。

（二）医学汉语词汇的构词方式

医学汉语词汇的构词方式主要有复合法、转类法、缩略法、逆生法和词缀法。（孙子刚，2009）复合法是将两个或两个以上的词按照一定的次序组合成新词的构词方式，例如，将“抗生素”和“复合”组合成“复合抗生素”。转类法是通过转换词类而不改变词形的方式构成短语。词汇在形态上没有改变，所以转类法又叫功能转换法，例如，将动词“忍耐”转换成医学名词“耐药性”。缩略法是抽取词组中的语素拼合成一个词，例如，将“中国医学技术”缩写为“中医”。逆生法是把原词的词尾去掉，生成新词的构词方式，例如，将名词“糖尿病”变成动宾式的合成词“尿糖”。词缀法是通过在已有的词根后加上词缀的方式构成新词的方法。

三、常用医学汉语词汇分类介绍

1. 科室

内科　外科　眼科　口腔科　儿科　皮肤科　妇产科　康复科

保健科　眼科　针灸科　耳鼻喉科　理疗科　肛肠科　按摩科

皮肤科　麻醉科　肝胆外科　胸心外科　心内科　烧伤科　消化科

心理科　牙科　超声诊断科　脑电图室　肺功能室　胃镜室

人工肾室　超声多普勒室　血液净化室　高压氧舱室

院内感染监控室　血液成分分离室　营养室　体外反搏室

2. 症状

嗓子痛　胃痛　发烧　咳嗽　头痛　牙痛　过敏症　扭伤　头晕

抽筋　呕吐　腹泻　恶心　鼻子不通　脖子发僵

3. 医药用品和医疗器械

药丸　合剂　糖浆　眼药水　药棉块　抗生素　维生素　青霉素
药片　药膏　药物　阿司匹林　绷带　注射器　听诊器　预防针
纱布　感冒药　发汗药　退烧药　胶囊

4. 诊断治疗

拔牙　量体温　请医生　测脉搏　量血压　开药方　动手术
无菌术　输血　自体输血　基础麻醉

5. 病症和其他

感冒　肺炎　流感　肝炎　糖尿病　擦伤　脓肿　急腹症
急性胆囊炎　急性蜂窝组织炎　黄热病　枯草热　腹主动脉瘤
腹部损伤　基础能量消耗　颅底陷入症　心脏挫伤　心脏破裂
心脏指数　心脏排除量　心脏移植　胸部挫伤　化学烧伤
药物效应动力学　药物代谢　首过代谢　血脑屏障　胎盘屏障
血眼屏障　结合型药物　游离型药物　（血浆）清除率　稳态浓度
生物利用度　生物等效性　一级消除动力学　零级消除动力学
半衰期

第三节　医学领域词汇教学策略

医学院校的留学生在经过一年的大学汉语学习后，大部分都能通过汉语水平考试，为进入医学专业学习打下良好的基础。然而，许多学生在学习医学汉语时困难重重，特别是在医学专业词汇学习上。这是由医学专业词汇难读、难写、难记，且词汇量大造成的。针对这一现象，我们总结出以下几种教学策略供教师参考，以帮助学生提高医学汉语词汇记忆效率。

一、介绍构词方法

医学汉语词汇量大，且新词汇与日俱增。这些词汇看似复杂难记，却也有一定的规律性。如果掌握了它们的构成特点，在记忆时势必会事半功倍。医学汉语词汇绝大部分是由词根、前缀、后缀和连接元音按照一定的规律组合而成。

词根是词的核心部分，它包含着词语的基本意义。所有的医学汉语词语都有一个或多个词根，词根通常代表身体的一个部分。如词语“神经病学”中词根是“神经”，“心脏病”中词根是“心脏”。前缀和后缀原来都是独立的词或词根，由于经常缀在其他词或词根的前面或后面用于辅助中心意义，就失去了独立的形式、意义而成为附加部分。前缀是置于词根前，并与词根相连的单音节或多音节的组词部分，起到修饰词根、增加含义的作用。如“畸形”中前缀表示“不正常的，不规则的”。后缀在医学汉语词汇中可以表示疾病性质、医疗器械、学科、治疗方法等。如“生物学”“心理学”中的后缀表示“学科”，“关节炎”“鼻窦炎”中的后缀表示“炎症”。

词根和前缀、后缀可以通过不同的组合方式派生出不同的词，并且构词能力很强。其构成基本类型有：（1）前缀＋词根，如“坏的＋功能＝机能不良”；（2）词根＋后缀，如“骨＋疗法＝疗骨术”；（3）前缀＋词根＋后缀，如“高＋糖＋血症＝高血糖”。

医学汉语词汇数量虽然众多，但常用的词根及前缀、后缀只有四五百个。教师在讲解构词方法之后，可以向国际汉语人才重点强调医学汉语中出现的高频词汇，加强学生对核心词汇的记忆，以便扩大国际汉语人才的词汇量，提高他们的阅读能力。

二、对比专业词汇与普通词汇，整理同形异义词，补充医学释义

医学专业国际汉语人才经常会发现很多原本熟悉的普通汉语词汇，放在医学汉语中就变成了生词，认识词形却不知道意义。医学汉语和普通汉语同形异义的词汇不仅有名词，还有动词和形容词。其实，很多国际汉语人才已经掌握了这类词汇的形态和语音，要让他们学习这些词汇的医学释义并不难，但需要教师在授课时把这些词整理出来补充给国际汉语人才，帮助他们学习。把它们集中在一起对比记忆，可以达到速记词汇的目的。

有时候同一个医学概念在日常汉语和医学汉语中用不同的词表达。国

际汉语人才在学完基础汉语时，已经熟悉这些词汇的基本含义，所以教师通过词汇对比讲解，让他们对这些词语进行对比联系记忆，将更容易掌握这些词汇。

三、灵活运用多种教学方法，创设情境，激发兴趣

在缺少语境的情况下，让国际汉语人才独立地背记词汇是很难操作的，不仅容易忘记，使用时也不准确。在医学汉语教学中，教师可以添加一些合适的阅读材料，并充分利用网络资源，查阅医学领域的最新发展，有选择地补充最新的医学文献、论文和医疗教学视频等。教师应仔细阅读研究这些资料，然后再介绍给国际汉语人才，让他们互相讨论，也可以补充相关的医学汉语翻译材料，引导学生注重实用文体的翻译。这些做法不仅能帮助国际汉语人才扩大词汇量，提高其阅读理解能力，巩固其语法知识，提升其翻译能力，而且能激发他们的学习兴趣，丰富课堂教学内容。

（一）结合文章阅读，提高学生的词汇记忆效率

保罗·内申（Paul Nation）认为背诵词汇表能帮助学习者在短时间内记住大量词汇，但脱离语境的学习对于了解词汇的用法没有什么意义，而在广泛的阅读中，由于理解文章的需要，学习者会将认知重点放在意义、用法上，从而提高词汇习得效果。因此，无论是基础汉语词汇，还是专业汉语词汇，都应该放在文章中或者上下文中理解和记忆。在具体的课堂教学过程中，教师可以先介绍所学词语的词根和词缀，分析词语的构词法，然后选择与本节课所学词语相关的文章让国际汉语人才阅读，所选文章难度应适中，生词不宜过多。我们曾将此教学方法应用于医学汉语词汇教学中。实践证明，这种把词汇和文章结合起来学习、把词汇放在文章中记忆的方法能使国际汉语人才的词汇习得能力得到提高，阅读能力也有所提高。

（二）利用多媒体教学手段，增强学生对专业词汇的直观感受

医学汉语词汇量大、难记，国际汉语人才在学习过程中往往感到枯燥无味。因此，教师可以利用多媒体教学手段，将文字、声音、动画等结合起来，为国际汉语人才展现一个生动形象、系统完整的人体系统，使其产生强烈的学习欲望。另外，教师也可以选择和医学词汇内容相关的影视片段，如播放电视剧《心术》《永不放弃》《最后诊断》《生命烈火》等，激发

学生的兴趣和参与意识，以提高教学效果。如《心术》中出现了“抗体”“抗原”“心肌病”“蜂窝组织炎”“胆囊炎”等词。教师在视频播放后，让国际汉语人才共同分析这些词语的词缀“抗”“病”“炎”，甚至可以组织他们模仿并表演简单的场景，以强化所学知识。

（三）引入文化背景，激发学生学习兴趣

语言和文化是密不可分的。学习外语既是学习语言的过程，也是接触和了解语言背后文化的过程。医学汉语词汇枯燥、难记，国际汉语人才在课堂上的学习兴趣不高。这就要求教师运用医学汉语词汇的特点来丰富课堂内容。据统计，在医学汉语词汇中，有75%的医学术语含有深厚的历史文化背景，反映了当时的文化风俗和法律制度。因此，在讲解这样的词汇时，可以结合其典故和历史事件，以提高国际汉语人才的学习兴趣。

词汇是语言学习的重点。教师在教学过程中可以结合国际汉语人才实际情况采用不同的教学方法，以提高国际汉语人才的词汇记忆效率。国际汉语人才也只有真正掌握了医学汉语词汇的构词规律和记忆策略，才能扩大词汇量，准确理解医学汉语文献资料，迅速掌握最新医学动态，更好地促进专业学习，为以后的工作打下坚实基础。

四、小结

通过对医学汉语词汇发展方向和新类型的分析可以了解到，医学专业汉语词汇的记忆相对复杂，大量生僻的前后缀以及各类音译名词是国际汉语人才记忆的难点。但正是由于前后缀和音译名存在着一定的规则，通过恰当的方法进行学习，能够有效提高他们的学习效率。在具体的教学过程中，可以运用如下的教学方式来提升国际汉语人才学习医学专业汉语词汇的效果。

（一）解析式教学

解析式教学需要教师对需要学习的汉语词汇的应用语义进行细致讲解，目的是解决专业词汇在意义上与常规概念的差异，降低由于这种差异性造成的理解偏差。在课堂教学当中，将这类词汇多与相应的语义结合，通过反复记忆来加深印象，从而避免由于语义类似而造成记忆错误。

（二）规律性总结

规律性总结的教学方式适用于规律性词汇的记忆。此类词通常意义单一，不存在意义上的误区，只是在词语构成方面所搭配的前后缀以及冠名词上有一定的差异，并且这类词的词根相对生僻，因此可以进行规律性总结，从而使国际汉语人才在学习和记忆上找出相应的规律，避免重复单调的学习和记忆，也能在某种程度上提升学习效果。

（三）综合式讲解

综合式讲解通常应用于新词语的教学当中，由于新词语产生较新，也相对更丰富，不一定符合一般的传统词汇构成方式，因此，上文提到的两种教学方式对此类词汇的教学作用较小。综合式的讲解讲究结合实际应用。由于新词语通常是随着新技术、新器械、新医疗手段而产生的，所以在教学中能比较容易地找出相关的实例，结合实例来讲解将能较好地提升教学效果。另一方面，也要注重教学当中的交流和刺激方式，通过增加课堂沟通交流、视觉听觉的刺激来加深国际汉语人才的印象，对于巩固他们的学习成果也有着相当程度的帮助。

对于医学院校的国际汉语人才来说，掌握一定的医学汉语词汇，在查阅专业文献资料、撰写科研论文、进行国际交流等方面起着关键作用，而医学汉语词汇教学正是提高医学院校国际汉语人才专业汉语水平的关键。如果教师能够将词源文化融入教学，激发他们的学习兴趣，“授人以渔”，重点讲解词汇构成特点和规律，灵活运用多种教学方法，创设趣味性强的语境，一定能促使他们从中得到启迪，达到事半功倍的效果。如今的医学科技水平仍在稳步提升，未来的医学汉语教学中专业汉语词汇的数量还会逐渐增多，这就决定了未来医学汉语词汇教学的重要程度会进一步提升。因此，教师掌握科学的教学方法，对于有效提升医学院校医学汉语的教学水平有着重要意义，进而可以为医学专业国际汉语人才未来的发展奠定良好的基础。

第八章

国际化专业汉语人才分类培养（Ⅵ）

——司法领域

第一节　司法领域国际汉语人才培养概述

现代中国正处于一个急速发展的法治化时代，法律越来越深入地融入日常生活之中，司法词汇的高频使用，即日常化，是重要的时代特征。司法词汇并非生僻词，基本上在常用词之内。但司法词汇是一种有别于日常词汇的技术性词汇，其与日常词汇在含义和使用方式上存在很大区别，如不加以详细区分，极容易出现误用。因此，司法汉语词汇的教学成为国际化专业汉语人才培养的一个重要内容。

一、司法领域国际汉语人才培养背景

在“一带一路”国际化专业汉语人才中，一部分人将从事法律工作或者与法律相关的工作，如与对华贸易、金融等相关的法律业务，他们学习汉语的目的，就是通过汉语来了解中国法律、金融制度。对于这一类学生来说，如果能在语言学习阶段注重司法词汇的学习，对后续的专业法律学习将省力不少。

在司法实践中，语言学起到了重要的辅助性作用，如不同语言间的法律翻译、对语言证据的语言学分析等。因此，有学者把司法词汇列为语言服务的重要领域，认为“法律语言（包括立法语言、司法语言、录音会话、笔迹与书面语等）解读是一种语言服务”。过去学者们多从“运用”的角度来研究司法语言，“运用”是一种表现，而“服务”才是语言在司法领域中发挥作用的本质。唯有从本质上明确语言该从哪些方面“服务”于法律，“运用”才会更有针对性、更有效率。我们以服务的理念和视角，分析司法领域中的语言服务现状，研究司法过程中的语言服务，旨在发现问题，并对此提出对策建议。

司法领域的语言服务贯穿于整个司法过程，包括方方面面，如提高司法人员的语言素质等。在司法领域进行语言争议案件的调查审理，对语言证据就语音、语体、话语结构与意义等进行鉴定和解释，都需要特定的专家提供服务。语言沟通在法庭参与者之间具有不言而喻的作用。

近年来，随着国家语言生活的快速变化，语言服务需求越来越多，相关研究也逐渐开展起来。当前，“一带一路”沿线国家司法领域中的专业汉语语言服务现状尚不令人满意，不能很好地满足需求，须加强研究，完善相关制度，培养与培训并重，为司法领域的国际汉语人才语言服务提供人才保证。

二、司法领域汉语教学的主要目的

（一）帮助学生精确掌握司法语言

英国著名法官曼斯斐尔德（Mansfield）曾指出，世界的大多数纠纷都是语言引起的，法律是定纷止争的工具，司法语言应务求精确不产生歧义，才能完成法律的使命。通过对法律语言细微含义的对照和辨别，能够帮助学生更好地理解司法词汇的精确性要求，更深刻地掌握通过词汇反映出来的法律内在逻辑。

（二）满足法治生活的应用性需求

法治社会以法律语言的高频应用为重要特征之一。而法律语言对精度的要求，往往令以汉语为母语的人也理不清头绪，遑论以汉语为第二语言的人。法治社会里，每一个人都身处多个法律关系当中，对法律语言的理解极大影响着当事人处理法律关系的结果，影响着当事人对自己行为的预期判断。例如，在民事法律关系中有买卖关系、借贷关系、租赁关系、继承关系等，在刑事法律关系中有被害人与犯罪嫌疑人之间的法律关系等，不理解法律术语，让买东西、租房子这样的小事都会变得不顺利。因此，司法语言的理解和应用应作为一个必要的部分，融入汉语教学中。

三、司法领域国际汉语人才培养中进行司法词汇教学的意义

开展司法词汇教学，可以加深国际汉语人才对司法词汇的理解和体会。在大学预科教学中，司法词汇教学是汉语词汇教学的一部分。汉语作为细腻的东方语言，其词汇的含义有多重层次，然而，有些汉语词汇的多重含义因较为抽象，或含义变化的轨迹比较复杂，难以向学生解释清楚。而司法词汇较之日常语言，语义简明易懂，词义变化容易解释清楚。通过

对汉语司法词汇的教学，尤其是分析司法词汇的跨域通用性，分析司法词汇在日常语境和法律语境中的不同含义，能使以汉语为第二语言的国际汉语人才加深对汉语词汇多重含义的理解和体会，便于国际汉语人才精确地掌握司法词汇，有助于他们日常实际使用。

语言是法治的细胞。作为法律内容的基本构成，法律语言既是表达法律条文、建构法治概念、描述法律行为、制作法律文书的重要载体，也是法律权力和权利义务的集合，更是法律思想的传送带。如果将语言系统升华到与思想和存在平起平坐的哲学高度来认识，法律和语言是内容和形式的关系。法律内容决定法律语言的形式，一定的法律语言形式又为相应的法律内容服务。

如前所述，司法词汇在现代社会的使用频率较高，学习汉语的目的在于使用，汉语不是只存在于教科书上的，而是存在于国际汉语人才在华工作生活的各个角落。对于法律专业汉语人才而言，对法律词汇有所了解，已经可以极大方便以汉语为第二语言的汉语专业人才在华期间的个人工作和生活。通过加强辨析教学，可以使他们能够阅读法律的合同、合约和各类刑法条款，有利于保障其个人利益不受到损害。法律语言既是立法思想的表达管道，也是司法办案的必备工具；既是全体法律人的思维向导，也是公民权利义务的集中指引。通过法律语言的教学，培养好司法专业汉语人才，进而引导人们判断法律信息，领悟法治要旨。

第二节　司法领域词汇的特点及分类

一、司法词汇的定义

语言是一种表意符号体系，词是这个表意符号系统中的一个基本单位。而词汇是法律这个专业符号体系中的基本构成单位。法律语言是在法治发展过程中，按法律活动（立法、司法、法律科研）的要求逐步磨砺、逐渐构建的一种有别于日常语言的“技术语言”，是全民语言的一个社会功能变体。我们认为，所谓司法词汇，是指在立法、司法过程中运用的技术语言单位，其运用于法律学术、法律条文、司法实践之中，服务于司法活动的规范化、严谨化需求。司法词汇在使用时含义较单一，不存在异议，在法律语境中不会产生歧义和误解。

本文列举的司法词汇包括三类：第一，“法院”“宪法”等法律领域的专用词汇（本域专用司法词汇）；第二，“但是”“可以”这类常使用，但在法律领域内具有新的含义的词汇（借域专用司法词汇）；第三，“当时”“到达”这类在日常领域使用，同时常见于法律领域的词，其含义在法律领域内没有新的指向（法律常用词）。

二、司法词汇的特点

司法词汇具有准确性、严谨性、跨域通用性的特点。

（一）准确性

在法律领域里，所使用的每一个词语都精确贴切，恰如其分，这是法律语言最根本的特征。法律词语特别强调一些貌似相类却各具不同法律意义的法律术语和法律常用词的严格甄别和选用，对一般词语的运用比其他语体范畴更严格区分其含义、性质、使用范围和褒贬色彩等方面的细微差别。（潘庆云，1997）要求其意义指向唯一，不容易产生误解。例如，大陆法系国家的法典中一般都会对“自然人”或者“人”的起止时间进行界定，对何时开始算是人（受精卵算是人吗？），何时开始不算人（植物人算人吗？）进行明确划分，以避免在特殊情况下，出现理解和使用的不一致。

（二）严谨性

严谨性即庄重严格、周全审慎。法律语言应该用最简单的词汇涵盖尽量充实的意义，同时，法律语言一般不具有感情色彩，不对人的情感进行误导。例如，在我国刑法中，虽经常出现“情节严重”或“情节轻微”这类貌似不易确定的表述，但往往在相关法规中，将何为“情节严重”，何为“情节轻微”，进行逐一列举说明，务求使用时可以一一对应，具有针对性。又如，20 世纪 90 年代以前，我国的公安、检察机关在法院未做出判决的情况下，常用“凶手”“人犯”来称呼犯罪嫌疑人，具有一定的人身侮辱性，且不符合罪刑法定原则。这类做法目前已经得到纠正，未经过审判确定有罪的人，都被统一称为“犯罪嫌疑人”，以务求语言严谨、庄重。

（三）跨域通用性

跨域通用性即司法词汇同时在法律领域和日常生活中使用。这样的跨域通用形成的原因有两个方面：其一，产生在法律领域里，并在该领域内使用的词汇，随着法律对社会关系进行调解和规范的程度加深，流入日常生活领域，被“日常化”；其二，法律关系是从社会关系中抽象而成，司法词汇也不能独立于日常词汇而单独存在，大量的生活用语也反向流入司法词汇中。两方面作用的结果，导致大部分司法词汇都不是陌生的专业术语。

三、常用司法汉语词汇分类介绍

（一）词汇分类

1. 律师部分

案件受理　案情重　案由　案子　包揽诉讼　被告　用于民事
行政案件　被诉人　本地律师辩护词　辩护律师　辩护要点
辩护意见　财产租赁　裁定书（指终审裁定）　裁决书（用于仲裁）
裁决书（用于陪审团）采信的证据　草拟股权转让协议　查阅法条
出具律师意见书　出示的证据　出庭　传票　答辩状　代理词
代理房地产买卖与转让　代理公证　代理仲裁　代写文书
待决案件　当事人陈述　吊销执业证　调查笔录　调查取证　调解
调解书　二审案件　法律顾问　法律意见书　法律援助　法律咨询
法庭　法学博士学位　法学会　法学硕士学位　法学系
法学学士学位　法学院　法院公告　反诉状　房地产律师
非合伙律师　非诉讼业务　高级合伙人　高级律师
各类协议和合同　公诉案件　国办律师事务所　国际诉讼
国内诉讼　合伙律师　合伙制律师事务所　合同审查　草拟
修改会见当事人　会见犯罪嫌疑人　兼职律师　视听证　据适用
法律受害人　书证　司法建议书　司法局　司法局副局长
司法局局长　司法统一考试　诉讼当事人　诉讼业务　诉状
自诉案件

2. 诉讼法部分

案件　案件发回　案件名称　案卷材料　案情陈述书　案外人
案值　败诉方　办案人员　保全措施申请书　报案　被告
被告人最后陈述　被告向原告第二次答辩　被申请人
被申请执行人　被执行人　本诉　必要共同诉讼人　变通管辖
辩护人　辩护证据　辩论阶段　驳回反诉　驳回请求　驳回诉讼
驳回通知书　驳回自诉　驳回自诉裁定书　补充答辩　补充侦查
不公开审理　不立案决定书　不批准逮捕决定书
不予受理起诉通知书　财产保全申请书　裁定（指最终裁定）
裁定管辖　裁定书　裁决书　采信的证据　查封　撤回上诉　撤诉
撤销立案　出示的证据　传唤　传闻证据　答辩　答辩状　大法官
大检察官　代理控告　代理申诉　代理审判员　代为申请取保候审
弹劾式诉讼　地区管辖　调查笔录　督促程序　独任仲裁庭
对妨碍民事诉讼的强制措施　二审　二审案件　罚款　法定证据
法定证据制度　法官　法警　法律文书　法律援助　法律咨询
法庭辩论　法庭调查　法庭审理笔录　法庭审理方式　法庭庭长
法院公告　反诉　反诉答辩状　反诉状　犯罪嫌疑人
附带民事诉讼案件　附带民事诉讼被告　复查　高级法官
高级检察官　高级人民法院　告诉才处理的案件　告诉申诉庭
公开审理　公开审判制度　公示催告程序　公诉案件　公诉词
公证机关　共同管辖　国际司法协助　海事法院　合议庭
合议庭评议笔录　和解　核对诉讼当事人身份　恢复执行　回避
混合式诉讼基层人民法院　羁押期限　级别管辖　监视居住　监狱
检察官　检察权仲裁　仲裁被诉人　仲裁裁决　仲裁申请书
仲裁申诉人　仲裁庭　仲裁委员会　仲裁协议　仲裁员
主诉检察官　助理检察官助理审判员　专门法院　专门管辖
专属管辖　追究刑事责任　自首　自诉案件　自行辩护
自由心证制度　自侦案件　最高人民法院　最后裁决书

3. 民事法部分

法律渊源　制定法　判例法　普通法　特别法　固有法　继受法

实体法 程序法 原则法 例外法 司法解释 公序良俗 罗马法
私法 公法 民法法系 英美法系 普通法 大陆法 罗马法系
英吉利法 衡平法 民法法律规范 授权性规范 禁止性规范
义务性规范 命令性规范民法基本原则 平等原则 自愿原则
公平原则 等价有偿原则 诚实信用原则 作为 不作为
合法行为 违法行为 民事权利能力 绝对权 相对权 优先权
先买权 原权 救济权 支配权 请求权 物上请求权 形成权
撤销权 否认权 解除权 代位权 选择权 承认权 终止权
抗辩权 一时性抗辩权 永久性抗辩权 不安抗辩权
同时履行抗辩权 既得权 期待权 专属权 非专属权 人身权利
人权 人格权 生命权 健康权 姓名权 名称权 肖像权
自由权 名誉权 隐私权 私生活秘密权 身份权 亲权

（二）词汇统计

法律词汇一般被认为是专用术语，在对外汉语的基础教学中所占比例应该很小，但是由于法律行为在现代社会中的高频渗入，法律词汇在日常词汇中的比例较之其他术语（如医学、哲学等）较高，经我们对《汉语国际教育用音节汉字词汇等级划分（国家标准·应用解读本）》中一至三级词汇的统计，对外汉语教育中涉及法律词汇 757 个，详见以下分级。

1. 一级词汇

安排 安全 按 按照 办法 办理 帮助 保持 保护 比较
必须 表达 不论 采取 产生 成立 程度 初犯 除了 处理
存在 达到 单位 但 但是 当时 当然 到达 得到 得
地点 第 调查 都 对 对于 而且 发生 反对 法院 方便
方法 防止 非常 非法 分别 否认 刚刚 高速 告诉 个人
根据 工具 共同 共有 够 故意 规定 规范 国内 国外
过程 合法 合理 合格 及时 计划 继续 家属 建议 支持
指导 直接 只要 只有 指出 至今 制度 制定 中间 重大
主动 主要 主意 主张 抓住 准备 资格 自觉 自由 租
作为 做法

2. 二级词汇

爱护　按时　案子　包含　包括　报警　被动　被告　被迫　本地
本人　避免　便利　不利　捕　财产　裁判　采纳　参考　参与
操纵　操作　策划　产品　超出　撤销　成交　诚信　承担　承诺
程序　持有　充分　充足　出动　出台　处分　处罚　判处　判决
披露　聘用　凭借　迫使　欺诈　欺骗　授权　疏忽　数额　司法
私营　私有　私自　搜查　诉讼　损坏　索赔　贪污　坦白　同伙
推断　推算　挽回　违约　违背　未成年人　无偿　无意　嫌疑
现行　宪法　相对　相继　相识　销毁　效益　协同　泄露　信誉
刑法　行政　行使　修订　虚假　叙述　宣称　宣告　押　严谨
掩盖　验证　遗嘱　疑点　以免　以至于　异性　异议　意图
隐瞒　盈利　有所　有待　予以　预见　预料　运营　造价　贼
诈骗　肇事　争执　征收　执意　职权　制止　致使　秩序　中止
仲裁　住址　准则　总额　总计　纵容　阻拦　实施　使得　视为
收取　收集　收养　手段　收益　首　首次　顺序　说法　私人　搜
损害　损失　所在　特殊　特征　提供　提交　提起　调解　听取
通知书　偷　外汇　威胁　违法　违反　委托　位于　无效　袭击
相应　小偷　协商　协议　协议书　协助　性质　手　许可　询问
延期　严重　言论　依法　依照　以便　同　意识　因此　因素
用于　优先　由此　有限　预期　约定　在内　遭到　遭受　争议
支付　制定　终止　主观　注册　资本　专利　总数　足以　罪
遵守　作废

3. 三级词汇

案件　罢免　颁布　绑架　保障　报仇　报复　背叛　被捕　必定
辨别　辨认　辩护　辩解　表述　并购　剥夺　驳回　搏斗　不利于
不慎　捕捉　不服　不予　裁　裁决　参照　操纵　查处　查明
偿还　抄袭　超标　超速　陈述　趁　趁机　成年人　成年　惩罚
持　出卖　出资　触犯　歹徒　代理人　逮捕　欠　盗　盗窃
抵押　销　订立　定价

第三节　语义场理论在司法汉语词汇教学中的运用

司法汉语是各类汉语文体中最正式的一种，其正式性主要体现在别具一格的词汇和严密的句子结构这两大特点上。司法汉语包括特殊的词汇、词组、词义、表达方式和写作风格，其词汇的用法和含义与一般汉语文体相比，常常相去甚远。

根据语义场理论，我们分析了司法汉语词汇中几种主要的语义关系，即上下义关系、同义关系、反义关系等，指出了语义场理论对司法汉语词汇教学的启示。

一、语义场理论

语义场理论（the theory of semantic fields，亦称为 field theory 或 semantic fields theory）是德国学者特雷尔（J. Trier）在 20 世纪 30 年代最先提出来的。语义场又称为词汇场（lexical field）和领域（domain），用来指归属于一个共同概念之下的、意思上紧密相连（不论是表共性还是表差异的）的一组词的聚合体。它有两层意思：其一是一种语言里的某些词，可以在一个共同概念的支配下，结合在一起组成一个语义场。也可以说，语义场是由一个表示共同概念的上义词（superordinate）和一系列的下义词（subordinate）组成。例如，在动物这个共同概念下“猫、虎、羊、狼、象、熊猫”等词共同构成一个语义场。在这个语义场中，“动物”称为上义词，而“猫”等词称为下义词。其二是属于同一语义场的词，各具其形，各占其位，各表其义，不仅仅在语义上相关，而且在语义上相互制约，相互规定。也就是说，要确定某个词的意思，必须首先比较该词与同一语义场中其他词在语义上的联系，以及该词在语义场中所占的位置。如由“长官、参谋、指导员”等词构成语义场，要确定“长官”这一词的意义，需从它与其他词的关系着手，了解该词在表示等级制概念的这些词中所处的地位。针对陆军中的中尉来说，“长官”表示上尉或更高的级别；相对于海军中的中校来说，它指上校或更高的级别；而对于商船的大副，它的含义是船长。

二、语义场的类型及语义场理论在司法汉语词汇教学中的运用

心理学家的长期研究表明，词汇不是孤立地储存在人的记忆中的，而是分门别类地储存起来的。词汇语义上的联系形成了记忆中的联想网络，只要记起其中的一个词，就会联想到或者激活其他词。因此，在司法汉语词汇教学中，教师应帮助学生巩固、完善及扩大已有的语义网络或者建立新的语义网络，指导学生根据语义场对词汇进行归纳整理，以便记忆。

众所周知，任何一种语言都包含着大量的语义场。这些语义场中的词根据词义关系的不同，分成许多类型。我们将分析司法汉语词汇构成的几种主要的语义场类型，即上下义义场（hyponymy）、同义义场（synonymy）和反义义场（antonymy）。

1. 上下义义场

上下义义场是语义场中最常见的一类，它是指一个词在上（即上义词），表示总的概念，两个或两个以上的词在下（即下义词），表示具体概念。如上义词“犯罪”包括两个下义词“重罪”和“轻罪”。又如“诽谤”作为上义词，其下义词包括“书面诽谤”和“口头诽谤”，前者指以书写等可以永久保留的形式对他人进行诽谤，后者指以口头等无法保留的形式对他人进行诽谤。再如“判决”这个可指任何类别的裁决或判决共同概念的上义词，与其下义词“陪审裁决、最终判决、刑事判决、对事实的裁定、有关损害赔偿金的裁决”等词构成一个语义场。

可利用上下义义场帮助学生归纳整理学过和没学过的词语，如“杀”可用于指一切杀人行为，可包括“他杀”和“自杀”两种。“他杀”在刑法上又可分为“无罪杀人”和“有罪杀人”。“有罪杀人”又包括“谋杀”和“非预谋杀人”。这样的归纳整理会达到触类旁通的效果，从而更好地帮助学生扩大词汇量。

2. 同义义场

所谓同义义场是指一组理性意思基本相同，并在某种程度上可以互换，而在发音、拼写、内涵、习惯用法等方面不同的词组成的语义场。同

义义场又可分为绝对同义义场和相对同义义场。汉语中绝对同义义场比较稀少，它是指语义上毫无差别，可在任何上下文中毫无区别地互相替换的词组成的语义场。如前所述，司法汉语词汇中具有同义、近义关系的词语尤为丰富。因此，司法汉语词汇教学理应将同义词、近义词的归纳和讲解纳入其中，区别词语的异同，这样既有利于学生记忆，又有利于学生正确使用。

3. 反义义场

反义义场是指意思相反、相对或相矛盾的，属于同一词性和同一范畴的一组词构成的语义场，如由"成年人"与"未成年人"构成的互补的反义义场。又如由"维持原判"与"撤销原判"构成的两极的反义义场，"维持原判"指上诉法院维持下级法院的判决，而"撤销原判"指上诉法院因下级法院的一些错误而撤销其判决。值得注意的是，在司法汉语中，一些在通用汉语中原本并无反义语义的词语在法律语境中会形成反义义场。例如，在通用汉语中，"言论"与"行为"并非反义词组。然而在特定的法律语境中，如美国《联邦宪法》"言论自由条款"（Free Speech Clause）中，法院对这两个词汇进行了精确界定和严格区分：即凡属于"言论"的应受到言论自由条款的保护，而"行为"则不在该条款保护范畴之内。事实上，此时法院已经将这两个词语当作意思毫无重叠且相互对立的反义词予以对待，即认定属于"言论"的绝不是"行为"，而属于"行为"的也绝不是"言论"。在司法汉语词汇教学中，我们也可以采用反义联想帮助学生扩大词汇量，丰富学生词汇的积累。

通过对语义场的研究，我们可以看出一个词在进入语义场后是怎样与其他词相互联系、相互区别的。在司法汉语词汇教学中，我们应当遵循词汇系统的内在规律，通过词汇之间的语义联系，归纳整理学生已学过的词汇，并让新接触的词汇更好地融入学生的已有词汇范围之内，扩大、巩固及完善学生的语义网络，促进学生词汇的增长，高效率地进行词汇教学。

第九章

国际化专业汉语人才分类培养（Ⅶ）——电商领域

第一节　电商领域国际汉语人才培养特点

随着国际贸易的频繁进行，作为专门用途汉语的电商汉语使用越来越普遍，电商汉语的教学也成了顺应时代要求、培养特定的复合型人才的一个重要部分。电商汉语是指人们在电子商务活动中所使用的汉语。商务人员为达到各自的商业目的，遵循行业惯例和程序并受社会文化因素的影响，会有选择地使用汉语的词汇、语法资源，以书面和口头形式进行交际活动。我国的对外经济战略正从“出口导向型”向“全球化经营”转变，社会发展对“一带一路”国际商务人才提出了新的要求：既要懂得专业知识，又要精通汉语，还要通晓国际惯例，善于文化交流。现代电商汉语已成为包括进出口贸易、旅游、电子商务、商务礼仪和跨文化交流等国际基本商务知识在内的完整的汉语体系。该体系包含两个系列：一个是电商汉语交流系列；另一个是国际商务概论系列。电商汉语和通用汉语在理论上没有区别，区别在于实践。

语音、语法和词汇是构成语言的三大要素，其中词汇是语言的建筑材料，学好电商汉语词汇是学好电商汉语的关键。国际汉语人才只有具备了足够的汉语词汇量，才能为进一步学习电商汉语奠定基础。

一、电商汉语课程特点

电商汉语从概念的提出到今天，经历了一段时间的考验。随着全球化时代的来临，电商汉语变得越来越重要。电商汉语以适应所有通过电子商务职场生活的语言要求为目的，内容涉及电子商务活动的方方面面。电商汉语课程开设的目的不只是单纯地提高学生的汉语水平和能力，它更多的是向学生传授一种企业管理理念、职场心理，甚至是和人打交道的方法，了解对方的生活习惯、合作的方式等，从某种程度上说这是包含在文化概念里的。电商汉语因为其本身有一定特殊性，所以其培养的目标也有一定的独特性。电商汉语教学要求学生不但要具备汉语的基础知识，同时还能将汉语作为工具获取电子商务专业知识，涉及网络外贸、网络金融、网络电子经济管理等，使学生成为电子国际商务领域中的复合型人才。

从电商汉语课程的特点以及电商汉语教学的培养目标来看，电商汉语比通用的汉语具有更强的实践性、市场性和社会性。在电商汉语中，语言知识是基础和工具，而建立在语言知识基础上的电子商务知识是重点。因此，在电商汉语课堂教学中应该以电子商务知识为中心，向学生介绍国际电子商务活动的最新动态、商务理论、企业的经营与管理等，要选择合适的教学模式和教学方法，把语言和电子商务有机结合起来，提高学生运用语言处理实际业务的能力。

二、电商汉语词汇特点

（一）词汇内容丰富、专业性强

电商汉语词汇包括普通词汇、半专业词汇和专业词汇，涉及工业生产、电子商务经济、电子金融、电子商务法律等不同的专业领域，词汇专业性强。例如“流转”和“通用”在电商汉语中指货币的不同状态，“平衡”在电商汉语中与“收支差额”和“余额”有关，这些用法都与通用汉语有较大的差异。

（二）新词多

一方面，一些常用的普通汉语词汇在商务汉语中被赋予了新的含义，例如“集装箱”“程序”。另一方面，随着社会不断进步，经济得到迅猛的发展，随之而来的就是新的商务词汇的出现，例如“电子货币”“白领丽人”“首席执行官”等新词语。

（三）词缀使用多

电商汉语中最常用的是带有“远”的含义的词汇，它们现在越来越多地被用来表示“通过电话”“与电视有关的”或“远程的”，如“电话营销”“电话购物”。

（四）固定搭配多

在电商汉语当中，经常会出现固定搭配的词，或同义词和近义词重复搭配的现象，如“发盘”“清洁收据”“条款”“罚款”“损失”。

三、电商汉语词汇教学法

基于以上分析，教学中须采用有针对性的方法，帮助学生扩大词汇量，以达到教学目的。具体有以下五种教学法。

（一）介绍基本的构词法

在日常教学当中，教师应介绍基本的构词法，包括词缀、词根、派生、合成，其中应着重讲解词缀。教师还可以举例介绍常用词缀，如后缀“态”“质”等。学生掌握基本构词法后，可利用已掌握的普通汉语知识，进一步扩大词汇量。

（二）“旧词新义”对比法

电商汉语有新词多的特点，也有很多“旧词新义”的词汇。教师应引导学生通过对比掌握新词汇，并加深他们对电商汉语词汇的认识。

（三）巧用多媒体，运用情景交际法

情景交际法一直是汉语教学的主要方法之一，在电商汉语教学中，也可以利用各种情景来达到词汇教学的目的。如在讲解职员面试时，可播放一段面试情景的视频资料，根据此情景，向学生提出一些问题，将词汇讲解融入其中。

（四）归类教学法

根据电商汉语的教学内容，教师可以把电商汉语词汇分成几个大类，让学生给同类词加标题，然后教师把学生分成不同的小组，让他们选择自己感兴趣的类，让学生自己以分组竞赛的方式列举出更多的词语，充分调动他们学习词汇的积极性。最后，教师要求学生利用各类里的词汇进行造句或写作等训练，进一步运用词汇。

（五）总结式教学法

总结式教学法的运用，强调了词汇教学应该注意复习和总结。在日常的教学工作中，教师要给学生指派一定的学习任务，促使他们在课后对电商词汇进行深度的加工和归纳总结，以便他们把信息长期保留在记忆中。例如，“添加”的方式就是一种比较有效的教学方式。利用“添加”把新信息和旧知识连接起来，其中涉及词缀、派生词、词性变化、反义词、近义词等方面。

我们发现，根据电商汉语词汇特点采用恰当的教学方法，学生对电商汉语的学习兴趣有了提高，词汇量也增加很快。由此可见，教师教学方法的正确性与可行性，对学生的词汇学习和记忆有着至关重要的影响，教师可以调动和开发利于学生学习的积极因素，为学生以后开展商务活动打下一个良好的基础。

四、常用电商汉语词汇分类介绍

网络的访问方法　访问（存取）权　网络账号记账服务
网址解决协议　电子邮件地址　网络地址　网络广告　阿尔法试验
网上求职　网上广告　事实上　据我所知　网络投资者
尽快代理程序　数字设备公司的电脑系统　亚马逊商务模式
匿名文件传输协议　美国在线　网络应用服务供应商
异步数字用户线　网络运作体系结构　验证和授权　数据安全
骨干网络　备份与归档　带宽　企业间的电子交易　模式
电子零售　企业对消费者的交易　商业类新闻讨论组　比特与字节
商业软件　书签　网上书店　边界网关协议　网桥
宽带综合业务数字网　宽带服务　浏览器　电子公告栏　网上购物
商业软件　网络经济　消费性电子用品展　首席执行官
通用网关接口　信道　通道　频道　确认认证系统　客户服务器
主从结构　局域网络协议　用户端软件　命令行　账户　商业网
商业在线服务　比较购物　共同邮件呼叫　通信服务器
计算机网络　网络消费者　客户关系管理　密码术
消费者之间的交易　中国互联网络信息中心　在线顾客　客户
全校园信息系统　网络消费者调查　网络空间　数据库管理系统
数据库服务器　数据通信　数据加密标准　数据报传送协议
数据报网络服务　数据高速公路　数据管理　数据转移　数据保护
数据传输率　数字现金　互联网公司　台式计算机　拨号线
数字凭证　数字录制　数字签名　目录管理　目录服务
目录服务器　树状目录结构　分布式计算机　分布式数据库
文件管理　域名服务　域　下载　动态数据交换　动态路由

电子图书　电子现金　电子购物中心　电子货币　“眼球”经济
电子钱包　网上银行　在线服务　操作系统　在线即时事务处理
开放式数据链接口　开放式信息接口　开放式网络计算
远程程序呼叫　外部数据展现　网络文件系统　开放系统
光盘图书馆　信息包　包交换网络　并行处理　个人数字辅助电脑
个性化营销　在线销售渠道　平台　网上促销
电子商务网站的促销　便携式计算机　协议　公共文件
销售点信息系统　移动无线电网络　重新定向器　新产品发布
远程存取软件　远程程序呼叫　商业计划书　多协议路由器
内部网关协议　外部网关协议　域间的政策性路由器协议
边界网关协议　路由信息协议　路由协议　逻辑路由　第三方物流
物流中心　配送中心　分时计算机　网际协议　应用软件协议
双绞线　连线限制　时间限制　工作站限制　虚拟合作
虚拟办公室　视频会议　虚拟线路　虚拟社区　虚拟数据网络
虚拟文件系统　数据存与存取环境　库存环境　虚拟存储系统
虚拟终端机　电子商城　广域网络　专用网络　公用设备
线路交换服务　包交换服务　专用线路　综合业务服务网　广域网
万维网　网络经济家　无线应用协议　所见即所得　网站品牌
虚拟存储器　文件与系统保护　网络　打印功能　登入与启动选项
工作站操作系统

第二节　电商领域国际汉语人才培养策略

一、交际教学法在电商汉语教学中的应用

（一）交际教学法的特点

交际教学法（束定芳 等，2008）认为，语言包含了“交际能力”和“文化社会意涵”，交际教学法提倡一种开放型的课堂教学，它将学生放到

了汉语课堂教学的首位，着力营造一种模拟现实的交际环境，并赋予学生充分想象的空间，鼓励学生积极参与课堂教学活动。它不但能改变传统的教学活动模式，还能改变师生间的关系，营造轻松的课堂气氛，改变学生学习汉语的心理环境，进而培养他们对学习汉语的情感并帮助他们有效掌握汉语。

交际教学法主张三种学习原则。（1）沟通原则：实际的沟通情境会增强学习效果。（2）任务原则：用语言沟通来完成任务。（3）意义原则：教学内容对学习者能产生意义则较能增强学习效果。

交际教学法并不是单一的、固定的教学模式，它的核心内容是“用语言去学”和“学会用语言”。其教学的最终目的是让学生获得足够的交际能力。在课堂学习中，学生在多数情况下处于某种“交流”“交往”“交际”的场景中，通过听、说、读、写等具体的行为去获得外语知识和交际能力。

（二）交际教学法在教学中的应用策略

从语言载体的角度来看，电商汉语是商务环境中所使用的汉语，属于专门用途汉语的一种。但就内容而言，电商汉语又与商务活动息息相关。同其他专门用途汉语一样，电商汉语强调的是在电子商务环境下的特殊交际，是将特定的工作内容融合在特定工作环境下的语言交际。

1. 引导学生熟悉背景知识。教师的重要任务是教会学生把他们所具有的语言知识与背景知识结合起来以达成交际目的。这就要求学生了解一定的背景知识，具体到电商汉语教学中就是一定的专业知识。在电商汉语教学中，围绕主题，精心安排与主题密切相关的课外知识显得尤为重要。学生只有在了解了某个商务话题的相关知识、发展历程、最新进展以及未来趋势的前提下才能真正地理解和掌握所学内容。

2. 积极创设汉语语言环境。培养学生用汉语交流的习惯，让学生处于情景之中，身临其境地感受汉语氛围，用汉语进行交际，这些是交际教学法的精髓。创设语境即设置情景，就是借助各种直观手段辅助教学，使学生理解并掌握语言的使用规则，发挥学生的学习主动性，促使他们积极思考，让他们主动地运用汉语表达思想，提高他们运用汉语进行交际的能力。例如，教师在讲授商务磋商业务方面的用词“询盘→报盘→还盘→接受”时，要求学生掌握每个流程中的主要内容及基本表达法，传统式的讲授法会让教师费力、学生乏味，如果教师在教学中提供仿真语言环境，要求学生就情景进行会话，会生动得多。

针对以上情况，师生之间、学生之间通过回答问题、陈述个人观点、展开对话和会话、进行小组讨论和模拟情景剧等形式进行多轮次教学，学生就能对电商汉语知识熟练掌握。

3. 营造和谐、民主的课堂学习氛围。教师在课堂教学中要注意的一个十分重要的问题是学生的心理因素。在一般的课堂教学中，许多学生由于担心犯错误，会采取一种不积极的“低姿态”。而交际教学法需要学生的积极参与，因此，在课堂中营造一种和谐、积极、平等的气氛十分重要。这就要求教师不仅要掌握并很好地利用各种交际教学方法，还要具备很好的处理和协调人际关系的能力。

交际能力的培养并非一蹴而就，需要长期不断地学习和训练，因此，要充分地利用好课堂上宝贵的时间，合理安排教学内容，精心组织教学活动，最好每堂课留有一定的时间，组织一些切实可行、具有实际交际意义的活动。如，就所学的电商术语、国际惯例或案例分析展开讨论，鼓励学生积极参与讨论，用汉语阐述自己的观点。这样，学生可在“用中学，学中用”，从而在不知不觉间提高交际能力。教师也可组织辩论或为学生提供广泛的电商背景材料，让学生通过扮演电商活动中的不同角色来进行交际训练。

二、任务型教学法

（一）任务型教学法简介

任务型教学法以任务组织教学，在任务的履行过程中，以参与、体验、互动、交流、合作的学习方式，充分发挥学习者自身的认知能力，调动他们已有的目的语资源，在实践中感知、认识、应用目的语，在“干”中学、“用”中学，这体现了较为先进的教学理念，是一种值得推广的有效的语言教学方法。

近年来，这种“用语言做事”（doing things with words）的教学理论逐渐引入我国的汉语课堂教学。该理论认为，掌握语言大多是在活动中使用语言的结果，而不是单纯训练语言技能和学习语言知识的结果。在教学活动中，教师应当围绕特定的交际和语言项目，设计出具体的、可操作的任务，让学生通过表达、沟通、交涉、解释、询问等各种语言活动形式来完成任务，以达到学习和掌握语言的目的。

（二）任务型教学法的优点

任务型教学法有很多优点：（1）完成多种多样的任务活动，有助于激发学生的学习兴趣；（2）在完成任务的过程中，将语言知识和语言技能结合起来，有助于培养学生的综合语言运用能力；（3）促进学生积极参与语言交流活动，启发想象力和创造性思维，有利于发挥学生的主体性作用；（4）在任务型教学中有大量的小组或双人活动，每个人都有自己的任务要完成，可以更好地面向全体学生进行教学；（5）活动内容涉及面广，信息量大，有助于拓宽学生的知识面；（6）在活动中学习知识，培养学生的人际交往、思考、决策和应变能力，有利于学生的全面发展；（7）在任务型教学活动中，在教师的启发下，每个学生都有独立思考、积极参与的机会，易于保持学生学习的积极性，帮助他们养成良好的学习习惯。

（三）任务型教学法的基本原则

任务型教学法应该遵循以下几个基本原则。

1. 真实性原则

在任务设计中，任务所使用的输入材料应该来源于真实生活，同时，完成任务的情景以及具体活动应尽量贴近真实生活。这样才能使学生在课堂上使用的语言和技能在实际生活中得到有效的应用。

2. 连贯性原则

应使设计的任务在实施过程中达到教学上和逻辑上的连贯与流畅。任务型教学并非指一堂课中穿插了一两个活动，也并非指一系列活动在课堂上毫无关联的堆积。任务型教学是指通过一组或一系列的任务执行来完成或达到教学目标。在任务型教学中，一堂课的若干任务或一个任务的若干子任务应是相互关联、具有统一的教学目的或目标指向，同时在内容上相互衔接的。

3. 可操作性原则

在任务设计中，应考虑到它在课堂环境中的可操作性问题，尽量避免那些环节过多、程序过于复杂的课堂任务。必要时，要为学生提供任务执行或操作的模式。

4. 实用性原则

任务的设计不能仅注重形式，而不考虑它的效果。课堂任务总是服务于教学的。因此，在任务设计中，要避免为任务而设计任务。任务设计者要尽可能为学生的个体活动创造条件，利用有限的时间和空间，最大限度地为学生提供互动和交流的机会，以达到预期的教学目的。

5. 趣味性原则

任务型教学法的优点之一是通过有趣的课堂交际活动有效地激发学习者的学习动机，使他们主动参与学习。因此，在任务设计中，很重要的一点是要考虑任务的趣味性。机械的、重复的任务类型将使学生失去参与任务的兴趣，因而任务的形式应多样化。需要注意的是，任务的趣味性除了来自任务本身，还可来自多个方面，如多人的参与，多向的交流和互动，任务履行中的人际交往、情感交流，解决问题或完成任务后的兴奋感、成就感等。

（四）基于任务型教学法的电商汉语教学

任务型教学法强调的是在“干”中学、在“用”中学的学习模式，它提倡的是学习者参与课堂学习的实践性，注重的是课堂语言学习和课外语言激活的密切联系。电商汉语教学是一个实践性很强的课程，因此，将任务型教学法应用在电商汉语教学中，是一种有效的方法。在电商汉语教学中，教师应该将重点放在任务的设计和教学的过程上，根据具体的商务场景、学生的汉语水平来设计教学活动。

1. 任务前阶段

在任务前阶段，教师要让学生明确学习目标、了解学习内容，并围绕电商汉语的特点做好相关的准备工作，设置基于任务型教学法的课堂环境，突出强调在“干”中学、“用”中学的特点。其具体的操作方法为：教师介绍此次任务的要求和目标，接着将学生划分为有电子商务往来任务的几个小组，再分配学生所要扮演的角色，提出相应的要求，然后设置好商务往来的模拟环境。学生们则要查阅相关资料，了解此次任务中自己扮演的角色所需要的相关商务知识，包括工期、造价、质量、招标文件等。教师和学生均要做好充足的准备，保证语言表达的有效性和畅通性。本阶段对激活背景信息、减轻学习者认知加工负荷有着重要意义，直接影响了他们的理解、接受和完成任务的效果，也影响着他们的学习兴趣。

2. 任务中阶段

任务中阶段是整个课堂活动的重点。在明确了学习目标和学习任务之后，学生会对将要学习的知识产生期待。在课堂上，学生将会学习到相关的基础知识，即相关概念、术语和常识。教师应把基础知识和典型案例结合起来，把抽象的知识融入具体的案例中。

根据电商汉语的特性，交际教学法和任务教学法可作为主要的教学方法，但又不应拘泥于这两种教学法。应采取多样的教学手段，集众家之长，方能达到最佳效果。电商汉语教师应注重教学实践，保持开放的思想，不断学习和探索，使自己成为具有专业素养的合格教师。同时，教师尤其是汉语教师，也应积极寻找机会和创造机会，参与商务实践活动，从中积累商务实践经验，丰富自己的实际工作经验，通过实践来丰富和提高自己的知识水平。这样，教师根据自己亲身实践经验在课堂上进行讲解时，会更具有针对性、实战性，同时，也能更加令人信服。

第十章

国际汉语人才培养

——日常生活交际用语

在对国际汉语人才的汉语教学中，除分领域的专业汉语教学以外，最常涉及的是日常生活交际用语的教学，因此本书以专门章节对汉语日常生活交际用语的教学加以讨论。

第一节　汉语日常交际用语概述

在日常活动中，大多数人将近一半的时间在进行口头交流和倾听别人的谈话，良好的听说技能将有助于个人学业和事业的更大发展，有助于提高个人和团队的成功率。学会用第二语言清楚地表达自己的思想可能是具有挑战性的，学习者将许多时间花费在学习语法、词汇、习语等语言知识上，然而有一种挑战性的东西经常被忘记，那就是日常交际。在全球化程度日益提高的今天，仅仅学会一种语言已经不能满足人们日常交际的需求，同时还要理解催生这种语言的交际环境。日常用语贯穿于每个人的生活，也许一句简单的问候能拉近人与人之间的距离，也许一句不恰当的表达会造成误解，处理好跨文化交际中的一些细节对汉语学习者来说也尤为重要。日常用语作为大众化沟通交流的工具，在一定程度上能够反映出个人的价值观，能够体现出个体的礼貌修养，同时也与当地的文化习俗息息相关。专业汉语人才所要培养的不仅仅是在各自从事的领域具有较强的汉语水平，也应该加强在日常生活方方面面的汉语水平，这不仅有利于其更好地服务于特定的专业，更是其实现自身专业价值的坚实基础。

一、中国文化中的交际原则

（一）贬己原则

贬己原则主要就是指“自卑而尊人”。我国自古就是一个讲求礼貌的国家，所以非常善于用敬语和谦语。比如称呼对方的亲属为“令尊”“令堂”“令兄”，对自己的亲属称呼“家父”“舍妹”“犬子”，这些都非常明确地表明了中国人遵循“贬己尊人”的准则。称呼习惯也是按照“长幼尊卑”来划分的。另外，中国人在对待别人的赞扬时，一般都表示谦虚，比如张三夸李四的字写得漂亮，李四说：“哪里，哪里，我写得很一般。”

（二）合作原则

20 世纪 60 年代中期，美国哲学家格赖斯（H. P. Grice）提出了“合作原则”，包含量的准则，即所说的话包含交谈目的所需要的信息，但是不应该超出需要的信息，不要提供多余的信息。质的准则，即所说的话是有依据的，这些话不能是个人的看法，不能说缺乏证据的话以及自己本身就知道是虚假的话。相关准则，即所说的话是有联系的，不要说与交谈内容无关的话，要切题。方式准则，即不要说一些晦涩、有歧义的话，所说的话要简练，这样才能使交际有条不紊地进行。

（三）礼貌原则

在跨文化交际中，礼貌语言的特征和交际规则是一个重要方面，当然也属于交际情境中的一个重要部分。利奇（G. Leech）的“礼貌原则”具体包括六个准则：得体准则，表示在交谈中尽量多发表对对方有利的意见，少发表有损于对方的意见；慷慨准则，尽量付出代价，减少对自己的益处；赞美准则，就是尽量多称赞他人；谦逊准则，即减少对自己的表扬，甚至贬低自己；一致准则，即减少与他人在观点上的分歧，尽量增加与对方的一致性；同情准则，即减少与他人在感情上的对立，减少对对方的厌恶，增加对对方的同情。

运用礼貌原则主要是要做到“损己利人”，目的是取得对方的好感，从而有利于交际的顺利进行，同时，要注意把握礼貌的程度，不要因过分夸大而令对方觉得是讽刺，或者觉得虚伪。

（四）“面子”准则

西方关于“面子”理论已有很长的研究历史，将其形成全面系统理论的是布朗（Brown）和莱文森（Levinson），他们提出了“面子挽救论”，或称“面子威胁论”。中国的“面子”源于中国儒家文化的“礼”，就是求“和”。黄光国、胡先缙等（2005）提出“脸”和“面”是中国人的面子中两个相互联系的方面，他认为“脸”与人的道德品质有关，“面”是一个人在外的声誉，所以“脸”和“面”是两个完全不同的概念。贾玉新（1997）认为，面子功夫在中国社会中占重要地位，是进行再生产的文化动力，中国人的面子观念包含四个特征：关系性的、社会性的、等级性的、道德性的。在不同国家的文化中，从表面上看，“面子”准则都非常相像，都强调所说的话要得体，但是从本质上看，其差别还是很大的：中国的“面子”是与古代儒家思想紧密联系的，倡导的是个人的利益服从集体的利益，牺牲“小我”，保全“大我”。

上述是从整体上进行阐述，具体而言，就是中国人习惯表达对人的关切之情。如在寒暄时会问关于个人隐私的问题，比如见面打招呼会说“去哪儿”，询问对方的去向；表达感谢时，比如你帮朋友搬完东西之后，朋友会用关切式的语言，如：“看你累得满头大汗的，快歇歇。”

相对于我们中国人，中亚国家大部分的寒暄语、感谢语、赞扬语简略了许多，也避免涉及隐私的问题，认为这是对他人的尊重。

二、汉语日常交际用语的语用功能

1. 称谓语

称谓语即称呼用语。它具有重要的社交功能，是称呼者对被称呼者的身份、地位、角色和相互关系的认定，起着保持和加强各种人际关系的作用。在汉语中，可以称呼与自己父母年龄相仿的邻居为“张阿姨”“王叔叔”或“李大娘”，这种大量而频繁地使用亲属称谓语称呼非血缘关系对象的做法表明，在中国人的潜意识里，社会只不过是家庭的放大，体现了集体主义的文化特征。中国人对师长是不能以姓名相称的，必须使用如“王老师”“陈先生”之类的称谓。另外值得注意的一点是，像“王科长”“张主任”这类用姓氏加职务的称谓，在中文里是用来表示说话人对说话对象的一种尊敬，同时也暗示出对话人之间的一种社会距离。

2. 问候语

中国人在打招呼时常以“吃饭了吗？”这样的问句表示相互之间的一种亲密关系。这些话语其实并非真的要对方做出明确的答复，它们仅仅是人们路上相遇时说的一句客套话。被问候的人可就实际情况回答或以类似的问句作为回应。这类问候语显示出彼此间的随意与亲密，既可以在普通朋友间使用，也可在熟人之间使用。倘若以此来问候不大了解中国国情和风俗习惯的西方人，他们可能会误认为这是间接地表达对他们的邀请。又如，“去哪里？”本来是一句礼节性的问候语，可有些外国朋友也许会把它等同于对他们隐私的干预或侵犯。

3. 道别语

中国人起身告别时常说“我得走了”，或找一些与主人有关的借口，如“你先忙”“太麻烦你了”。

此外，中国人道别时的一些习惯用语也常常使外国人感到困惑。例如，我们送客时常说“走好”“慢走”一类叮嘱的话，以关心的方式表示客气。而外国人则不明白为什么让他“慢慢走”，因此产生心理上的困惑，造成交际中断。

4. 称赞语

由于思维方式和习惯的差异，中国人在对别人进行称赞时常采用更委婉含蓄的表达，不露声色。汉语经常使用第二、第三人称夸奖、赞美他人，如“你的裙子真漂亮”“你干得不错”。

对某些称赞的话，中国人趋向于采用拒绝或不正面承认的反应模式，以此来表明自己谦和的态度，例如下面的例子：

某外国人：能够邀请您这样年轻有为的教授来我院讲座，是我们的荣幸。

某中国人：哪里哪里，您过奖了。

中国文化的礼貌准则之一就是“贬己尊人”，面对表扬时，习惯答以谦辞“哪里，哪里”“差得远呢”。而按西方人的习惯，听到他人的赞扬时应表示感谢或赞同，这既是对自我的肯定，也是对他人鉴赏力的尊重。

5. 道歉语与致谢语

在表达歉意时，中国人常采取间接、迂回的办法，如常用书信、托人转达等间接形式，一方面反映出中国人委婉迂回的思维模式，也反映出保全面子的心理。英语中的致谢语“Thank you”的使用频率和范围也远远高于汉语中的“谢谢”。西方人认为当自身以外的其他人为自己提供方便时都应该道谢，对家庭成员也是如此。中国人则对家庭成员很少说“谢谢”，认为自家人不用客气，说出来反而显得生疏。这表明，西方人严格区分自己与其他人，其中包括家人，而中国人认为集体价值至上，同时倾向于将个人的安全感建立在群体之上。

从以上的差异我们可以看出，语言的使用和文化有着密不可分的关系，不同国家的文化存在着深刻的差异，这种差异在一定程度上会导致交际障碍，使言语交际无法正常进行。因此，需要在第二语言教学中给予关注。

第二节　汉语日常交际词汇分类介绍

一、交际用语

您好　请　对不起　谢谢　再见　您早　晚安　请坐　请讲
请原谅　不用谢　没关系　请喝茶
您走好　请慢走　麻烦您　请稍等　很抱歉　不用谢　请多关照
请多指教　不用客气　欢迎再来

二、礼貌用语

久仰　久违　失敬　指教　包涵　劳驾　借光　打扰　冒昧　请问
赐教　高见　拙见　拜访　奉陪　失陪　恭候　失迎　留步　光顾
高寿　拜读　拙笔　怠慢　笑纳　心领　贵姓　免贵　献丑　过奖
恭喜　同喜

三、购物

手电　灯泡　电池　手表　闹钟　雨伞　成衣　男装　女装
柜台货架　橱窗　打折　梳子　售空　文具　毛巾　香皂　肥皂
牙膏　牙刷　饭盒　纽扣　拉链　剃刀　发夹　烟具　入口　出口
营业　菜单　说明　香水　包　锁　线　针　推拉　买东西
售货摊　玻璃柜台　收银处　找零钱　留发票　不收费　售货员
糖果　糕点　化妆用品　纺织品　内衣裤　零星小物　盥洗用品
香波　洗衣粉　梳妆镜　挂衣架　晒衣夹　热水瓶　旅行水壶

钥匙圈　旅行包　手提箱　打火机　吹风机　指甲剪　润肤露
护手霜　沐浴露　营业时间　失物招领处　禁止吸烟　请勿拍照
闲人免进　勿乱扔杂物　请勿用手摸　保持安静　削价出售
谨防扒手　商业中心区　百货商店　男子服饰用品　问讯处
男厕所　女厕所　（厕所）有人　（厕所）无人　生产日期　失效期
小心轻放　避光保存　行李存放处

四、旅游外出

1. 旅游
旅行探险　散客游览　旅游者　出境游　背包客　自由行
套餐游包办游　旅游团　度假区　旅行指南　旅行路线　环城旅行
往返旅行　单程旅行
2. 乘火车
票价　单程票　往返票　半票　铁路轨道　火车　快车　换车
到达　慢车车厢　卧铺　餐车　车站大厅　站台票　小卖部
候车室　行李暂存处　列车员行李架　直达快车　游览列车
3. 乘飞机
护照　签证　证件　起飞　落地　手续　候机室　航班号　航站楼
登机牌　安全通行证　国际抵达处　办理登机　国内抵达处
4. 行李
行李票　行李牌　手提行李　行李搬运车
5. 住宿
旅馆套房　登记　结账　接待　订房　登记表　汽车旅馆
青年招待所　豪华饭店　公寓　旅馆　预订房间　单人房间
双人房间

五、看病就医

1. 症状
咳嗽　胃痛　牙痛　发烧　过敏　头晕　扭伤　刺痛　打嗝　呕吐
恶心　肿胀　肿块　溃疡　嗓子痛　打喷嚏　鼻子不通

2. 药品

药物　药丸　药片　药膏　药粉　滴剂　糖浆　眼药水　抗生素

维生素（维他命）　阿司匹林

六、娱乐

节目　聚会　公园　花园　旅行　远足　野炊　漫游　散步　秋千

气球　彩车　纸灯　焰火　响炮　看电影　化装舞会　假面舞会

狂欢节　喜剧演员　俱乐部　运动场　动物园　滑旱冰

自动点唱机　郊区一日游

七、体育

体育　体格　武术　打成平局　体育中心　运动会　全国运动会

世界大学生运动会

比赛地点　国际比赛　邀请赛　东道国　体育场　体育馆　操场

体育活动　体育锻炼

广播体操　爱好者　观众　啦啦队　国家队　种子队　主队　客队

教练员　裁判员

裁判长　冠军　全能冠军　亚军　季军　田径运动　竞赛　跳高

跳远　马拉松赛跑　体操　跳马　平衡木

足球　篮球　排球　乒乓球　羽毛球　球拍　网球　棒球　冰球

游泳　游泳池　游泳馆　自由泳　蛙泳　蝶泳　跳水　赛艇

皮划艇　帆船运动　赛龙舟　花样滑冰　高山滑雪　冲浪

举重　摔跤　击剑　射击　射箭　拳术　气功　登山　骑术　赛马

国际象棋　象棋

航空模型　航海模型　跳伞　滑翔　运动技巧　拔河　毽子　哨子

排球场地　前锋　后卫　中锋　后场　前场　攻方　守方　计时器

打成平分

第三节　日常交际用语教学策略

学习语言的最终目的是交际，日常交际用语中的很多方面体现着一种语言的文化和特点，因此日常交际用语在对外汉语教学中占有重要的地位，我们以汉语常见日常交际用语差异作为出发点，利用相关原则对日常交际用语中的称呼语、寒暄语、赞扬语、感谢语这几个方面进行简单的分析，在此基础上我们对国际汉语人才在日常交际用语方面的语用习惯进行了问卷调查，据此尝试在国际汉语人才的课堂上改进日常交际用语的教学，对零基础的国际汉语人才主要采用解析法和情景教学法相结合，对具有一定基础的国际汉语人才则采用情景教学法并恰当融入文化教学，以调动他们的积极性，引发其学习兴趣。

一、日常交际用语差异的调查及分析

本研究在调查问卷中设计了 15 个情景，分别对中国学生和“一带一路”沿线国家国际汉语人才进行了关于称呼语、寒暄语、赞扬语、感谢语等方面的使用情况调查，并对调查结果进行了分析。

问卷的情景 1 至情景 4 是关于称呼语方面的使用情况调查，结果显示：中国学生习惯用“姓＋职务”的形式称呼有职务的人，国际汉语人才则习惯用“名＋职务”的形式称呼有职务的人；在年轻的朋友之间中国学生称呼全名，国际汉语人才习惯用昵称；中国学生称呼陌生人会用尊称，比如“师傅”，国际汉语人才称呼陌生人一般会用“先生”；中国学生在问路这种情景中称呼与自己年纪相仿的陌生人一般用“同学”，国际汉语人才在问路这种情景中称呼与自己年纪相仿的陌生人为“朋友”。

情景 5 至情景 8 是关于寒暄语方面的使用情况调查，结果显示：中国学生在进行寒暄时会根据具体的时间、场合进行寒暄；国际汉语人才一般情况下会用“你好”来打招呼，还会伴随拥抱礼。

情景 9 至情景 11 是关于赞扬语的使用情况调查，结果显示：中国学生对待上级的赞扬会谦虚地否认，并反过来对上级进行赞扬，对待关系较亲密的人的夸奖会接受；留学生对待赞扬则较为自信，大多数情况下会欣然说“谢谢”。

情景 12 至情景 15 是关于感谢语的使用情况调查，结果显示：中国学生会根据情景运用比较复杂的感谢方式，包括赞美式、承诺式、关切式、道歉式；国际汉语人才则只会简单地说“谢谢”，会根据对方的身份适当添加相应的敬语。

产生各国汉语人才常见日常交际用语差异最主要的原因是文化因素，根据差异和产生差异的原因，我们对国际汉语人才进行日常交际用语教学时应注意以下几个问题。首先，要注意国际汉语人才受母语的语用规则的影响；其次，适当调整国际汉语人才的文化态度，让其尽快适应中国文化氛围；再次，尽量给国际汉语人才创造交际的场景，让他们能够多加练习。

以分析国际汉语人才日常交际用语产生差异的原因的方式进行的调查研究，目的是为国际汉语人才日常交际用语教学寻找理论依据。汉语教师可以以情景教学为主导，将对比教学法和文化教学融入针对国际汉语人才日常交际用语的教学当中去。在对国际汉语人才的汉语日常交际用语教学中，对于初学汉语的国际汉语人才，可以在进行教学的时候适当进行文化的融入，讲到一个句子时，告诉他们在什么时间、什么场合、对待什么样的交际对象可以使用这个句子。而对于有一定基础的学生，可以适当地开设介绍文化知识的课程，让国际汉语人才深入地感受博大精深的中华文化。

二、针对国际汉语人才日常交际用语教学的案例

在进行对外汉语教学的过程中，我们会遇到不同汉语水平的学生。在对国际汉语人才进行问卷调查时，对象是初、中级水平的学生。对于零基础的国际汉语人才，在进行日常交际用语教学时，比较适合的教学方法是解析教学法和情景教学法相结合。而对于有一定基础的中级国际汉语人才，比较适合的方法是情景教学法，并加入文化的介绍。

在日常交际用语教学过程中，我们选取了解析教学与情景教学相结合和利用情景并融入文化知识教学两个具体的案例进行分析。

（一）教学案例一

案例一是针对零基础的国际汉语人才进行的解析与情景结合的教学，主要的教学内容包括了亲属称呼语、社会称谓语、招呼语、告别语、赞扬语和感谢语，教学过程是整个案例的核心。下面做具体的说明。

这节课设计为五个课时。

第一课时分为两个部分。第一部分是先拿出一张家庭成员的图片，分别告诉学生们爷爷、奶奶、爸爸、妈妈、哥哥、弟弟、姐姐、妹妹用汉语怎么说，然后引导学生说，老师说得小声一点儿，让学生们大声说。熟练掌握之后，问学生们家里有几口人，分别有谁，找学生起来回答。第二部分是让学生们拿出一张纸来，把自己的家人画下来，并标上称呼语。

第二课时包含三个部分。第一部分是复习上一堂课的称呼语。第二部分在学生们掌握了上一堂课学习的亲属称呼语的基础上，编亲属称谓的歌谣。教师先在黑板上用拼音写下歌词，然后先唱一遍给学生听，第二遍学生就会跟着一起唱。第三部分通过游戏的方式进行操练。

在前两个课时的基础上，接下来的三个课时适当设置情景，情景中包含称呼语、寒暄语、赞扬语、感谢语。

第三课时是对课文进行讲解，教师教给学生，在汉语中称呼有泛化的现象，在对待陌生人的称呼上，一般遵循礼貌原则，依据对方的年龄和性别用亲属称谓进行称呼。如对与祖父年纪相仿的人称呼爷爷，与祖母年纪相仿的人称呼奶奶，与父亲年纪相仿的人称呼叔叔，与母亲年纪相仿的人称呼阿姨，比自己年纪稍大的男性称呼哥哥，比自己年纪稍大的女性称呼姐姐，比自己年纪稍小的男性称呼弟弟，比自己年纪稍小的女性称呼妹妹。教师让学生们两两进行对话，并根据学生扮演的角色进行称呼的变换。

教师随后讲解课文，同学之间是以全名称呼的，面对赞扬要否定，并夸奖对方，得到帮助要说“谢谢”，回应感谢要说“不客气”，在学生们理解了课文之后，让学生分角色进行对话，熟练掌握对话。

课后，教师对整堂课进行分析。学生们很活跃，第一课时问家里有几口人的时候，每个人都积极地告诉老师，而且说的时候脸上还带着笑。此外，学生的动手能力很强，他们很喜欢画画儿，并且画得很好，第一节课用画画儿的方法，他们很喜欢，也达到了寓教于乐的目的。总体来讲，还是达到了比较理想的教学效果。第三课时因为初级阶段学生没有什么基础，所以只能用一些简单的教学法来激发他们的兴趣，让他们简单掌握一些寒暄语，再插入一些简单的对话。教学取得了良好的效果，课下学生会主动跟老师打招呼，以“老师，吃饭了吗？”作为寒暄，学生很喜欢在课下跟老师互动。在第四、五课时，在前面知识都掌握了的情况下，可以适当地加大对话的难度，除了包含称呼语、寒暄语、赞扬语、感谢语这几项日常交际用语以外，购物用语其实也是一类很重要的日常交际用语，如“多少钱？”“我可以试试这件衣服吗？”“能便宜一点吗？”等购物用语，在整个教学案例的设计上，不必涉及很深的东西，只是把最基本的表达方式教给初级阶段的国际汉语人才，而且尽量用比较有趣的方法进行，让他们能更深刻地记忆。

有学者指出，汉语习得是将母语习惯转向汉语习惯的过程，两种语言之间存在结构的不同，因此要积极地促进有益转移，克服有害转移，使学生掌握新的汉语习得习惯。在对国际汉语人才的教学过程中，教师积极地比较两种语言的相同点，可以让学生从中获得认同感，激发学生学习汉语的积极性。汉语与各国汉语人才的母语属于不同的语言体系，每个国家的语言都有其自身发展的特点，教师应通过调查研究总结两种语言之间的差异。国际汉语人才在学习汉语时，或多或少地会受到母语的干扰，用母语的思维习惯来进行汉语的学习，会造成语用偏误。例如国际汉语人才在和老师进行寒暄时，可能会问：“老师，你几岁了？”对于一个年长的老师来说，听到这个问题，难免会有些尴尬，这个偏误的产生就是由于汉语中问不同年龄段的人的年龄应该用不同的话语形式，而国际汉语人才母语中这一语用规则比较宽泛，可以用同一种话语形式问不同年龄段的人。因此我们在对国际汉语人才进行汉语教学时，应该尽量去对比目的语与国际汉语人才母语的差异，使国际汉语人才了解汉语的思维模式和话语规则。

（二）教学案例二

案例二是针对有一定基础的汉语学习者提供的情景与文化融入相结合的教学，教学目标是想让学生掌握并理解课文，包含日常交际用语中的称呼语、寒暄语、赞扬语、感谢语的使用。在此基础上让学生了解中国传统文化中关于春节和拜年的习俗，如何在春节时赠送礼物，以及接受礼物时用怎样的感谢方式。教学方法是采用多媒体设备提供相关的图片、影像，让学生了解中国传统文化中关于春节习俗的内容，以此作为切入点，在此基础上设置情景，让学生们置身其中，围绕主题尽情地表达自己的想法，训练学生的日常交际能力。教学内容是以赠送礼物为主题的包含称呼语、寒暄语、赞扬语、感谢语在内的情景对话。

情景1：

中国人自古就讲究礼貌，尊师重教，传统节日里，喜欢送师长礼物，以表示尊重，中国的春节快到了，加伊娜和李超想去拜访一下汉语老师赵华，但是两个人不知道送什么礼物好，因此就这个问题展开讨论。

李超：加伊娜，好久不见，你最近都在忙什么？

加伊娜：好久不见，我最近在忙着写毕业论文啊，你呢？

李超：我在忙着找工作，想在春节之前把工作给定了。

加伊娜：你好努力啊。

李超：哪里，哪里！

加伊娜：对了，春节快到了，我想去给赵老师拜年，可是总不能空着手去吧，你说带点儿什么礼物好呢？

李超：如果是一般的人，送点儿小礼物就可以了，但是送给赵老师要体面一点儿才行啊。

加伊娜：是啊，带什么礼物呢？带点儿水果，可是我自己都觉得有点儿太薄了；送项链，可是太贵了，买不起，再说人家看到了，可能会说我行贿；不买呢，我又觉得不好，显得没有诚意。

李超：说的是啊，就算什么都不带，赵老师也会热情地款待你的，可是到时候你就会觉得不好意思了。

加伊娜：是啊。可是带什么礼物呢？这个问题可把我难住了。

李超：对了，你来中国的时候不是带了你们当地的丝巾吗，很适合师母，可以把丝巾拿去送给师母啊。

加伊娜：对啊，我怎么没想到呢，丝巾很有中亚特色，而且很漂亮，当礼物再体面不过了。

李超：其实送礼就是为了表示自己的心意，相信你的礼物师母会喜欢的，会看到你的心意的。

加伊娜：嗯，谢谢你啊，你人真是太好了，帮着我出主意！

李超：我们的交情还用得着说谢吗？

加伊娜：呵呵，以后有什么需要我帮忙的，尽管开口。

李超：好的！

加伊娜：我还有事先走了。

李超：你忙！

情景2

春节前夕，加伊娜带着礼物到老师赵华家拜访他和他的妻子张小君。

赵老师：是加伊娜啊，快进来！

加伊娜：赵老师，我来给您拜个早年，祝您在新的一年里万事如意！

赵老师：谢谢你啊，也祝你在新的一年里心想事成！

加伊娜：谢谢老师，张老师在家吗？

赵老师：她在。

张老师：加伊娜来了啊！

加伊娜：张老师过年好！您又变漂亮了！

张老师：哪里哪里，你才是呢！

加伊娜：张老师，这是我从哈萨克斯坦带过来的丝巾，送给您当新年礼物。

张老师：你还是学生，没有什么钱，还让你破费，多不好意思啊！

加伊娜：这是我的一点儿心意，希望您喜欢。

张老师：我很喜欢。

加伊娜：赵老师，张老师，你们挺忙的，我就不打扰了，先告辞了。

赵老师：没事，再玩会儿啊！

加伊娜：不了，老师。

赵老师、张老师把加伊娜送出门。

赵老师：以后常来玩啊！

加伊娜：好的！

上文对教学内容先做了介绍，下面对具体的教学过程做详细的说明。共包括三个课时。

第一课时包含六个部分。第一部分向学生提问“中亚国家会在什么时候送礼？送礼会有什么讲究？”以此作为整堂课的导入。第二部分学习上文中的情景 1 对话，领读一遍；第三部分让学生根据设定的情景进行分角色朗读，熟练掌握课文。第四部分提出问题：

（1）李超和加伊娜见面是怎么称呼和寒暄的？

（2）李超面对加伊娜的赞扬是怎么回答的？

（3）李超在给加伊娜出完主意之后，加伊娜是怎么感谢的？

（4）面对加伊娜的感谢，李超是怎么应答的？

第五部分在问题的基础上对课文进行讲解，加伊娜称呼李超全名。在中国，因为姓名普遍不长，同学之间常称呼全名，不像一些国家和地区只称呼名就可以，李超和加伊娜见面时说的是“好久不见”，可能两个人并没有很长时间没有见面，这只是汉语中的一种寒暄方式。加伊娜夸奖李超“好努力啊”，李超面对赞扬是否定的，体现了汉语中的谦虚原则。李超帮助加伊娜出完主意后，加伊娜用了“你人真是太好了”来夸奖李超，是一种赞美式的感谢方式，而李超对待这种感谢方式是用了反问的语气来应答，表达了对两人同学友情的认同。此外，在本情景中，我们可以看到，李超和加伊娜作为学生，寒暄的内容是与学习有关的，送礼物给长辈体现了中华民族“尊师重教”的传统，当然也体现了中国人“爱面子”的特点。第六部分是作业布置，背诵包含问题的课文对话。

第二课时同样包括了六个部分，模式与第一课时类似。第一部分进行复习导入，提出问题：

（1）见面如何称呼？

（2）如何寒暄？

（3）对待赞扬怎么回答？

（4）怎么感谢？如何对待感谢？

第二部分学习情景 2 对话，教师先领读一遍。第三部分让学生们根据设定的情景进行分角色朗读，熟练掌握课文。第四部分提出问题：

（1）赵老师和加伊娜见面是怎么称呼和寒暄的？

（2）张老师面对加伊娜的赞扬是怎么回答的？

（3）张老师在接到加伊娜送的礼物之后是怎么说的？

（4）加伊娜要离开之前是怎么说的？

第五部分在问题的基础上进行课文讲解，赵老师称呼加伊娜全名。汉语中，长辈称呼晚辈，上级称呼下级全名，加伊娜称呼老师为“赵老师”，汉语中，习惯用“姓＋职业”的称呼方式。加伊娜和赵老师在见面时因为是快到春节了，所以寒暄的内容是与春节有关的。汉语中，寒暄的内容是根据时间、地点而变的，没有特别的规定，像“万事如意”“心想事成”这种话是拜年的“吉祥话”。张老师在接到加伊娜的礼物后说“你还是学生，没有什么钱，还让你破费，多不好意思啊”，表明中国人在接受礼物时不会直接收礼物，而是客气一番，然后才把礼物打开，并会礼貌地表现出喜爱之情，责怪对方不应该买礼物，其实是一种客套话，并不是真的不想要礼物。最后加伊娜要离开之前说“你们挺忙的，我就不打扰了”，是因为在汉语中，告辞的时候有时为别人着想，意思并不是自己不想再玩了，而是看对方忙才走的。第六部分布置作业，背诵包含问题的课文对话。

第三课时在前两个课时的基础上，适当地引入中国传统文化，先复习情景 1、情景 2 的对话。然后利用幻灯片介绍中国春节习俗，比如扫尘、贴春联和年画、年夜饭、守岁、放鞭炮，让学生们了解其中包含的中华文化，潜移默化地对学生进行语言教学，这样更有利于学生日常交际用语的掌握。

这个案例的教学设计涉及了中华民族传统节日——春节，这个节日囊括了很多中华传统文化，将其中一方面提炼出来，就是给师长送礼，体现中华民族的“尊师重教”，而送礼又包含了很多文化内涵，这样一层一层深入。第一个情景涉及了同学之间的称呼、寒暄、赞扬、感谢，这个设计主要是让学生能潜移默化地掌握汉语中同辈之间是如何进行称呼、寒暄、赞扬、感谢的；第二个情景包含了老师与学生之间的称呼、寒暄、赞扬、感谢，这样就让学生了解了汉语中长辈和晚辈、上级和下级是怎样进行称呼、寒暄、赞扬、感谢的。实践表明，有一定汉语基础的学生，在老师的指导下，能很好地完成含有交际用语的对话，这样在情景教学中适当引入文化的方法能吸引学生的注意力，激发学生的兴趣，诱导学生用汉语说话，并能激发学生的想象力，教学效果良好。

结　语

领域语言生活，具体体现为各行业的语言生活。不同行业从事不同的社会活动，需要关注和解决的语言问题有所不同，对从业者的语言水平要求有所不同，因此各行业的语言生活有各自的特点，各行业的语言规划也各有特点。社会生活可以分为不同的领域，每个领域都有自己的语言生活，为使语言生活和谐，需要进行领域语言规划。

一、领域语言规划的历史基础

现代意义上的语言规划，起源于清朝末期的切音字运动，其主要成就是1911年清朝学部中央教育会议议决的《统一国语办法案》。自此之后的较长一段时期，国家语言规划往往是同一定领域的语言规划一同考虑的，这个领域一般是教育领域，并由学校逐步扩展到社会扫盲教育等。例如《统一国语办法案》第五条规定："传习。先由学部设立国语传习所，令各省选派博通本省方言者到京传习，毕业后遣回原省，再由各省会设立国语传习所，即以前项毕业生充当教员，以此推及府厅州县。凡各学堂之职教员不能官话者，应一律轮替入所学习，以毕业为限。各学堂学生，除酌添专授国语时刻外，其余各科亦须逐渐改用官话讲授。"

在文化方面，语言规划较早关注的是新闻出版领域，之后随着广播电视的产生与普及，广播电视领域逐渐成为语言规划的聚焦之处。如1935年国民政府教育部公布《第一批简体字表》，虽然是为了"义务教育及民众教育"，但除了在教育方面推行并请"国民政府通令各机关采用"外，还要求"出版机关遵照采用"，语言规划的施行扩展到了出版领域。中华人民共和国的《第一批异体字整理表》是1955年文化部和中国文字改革委员会联合发布的；《印刷通用汉字字形表》是1964年经国务院同意，文化部和中国文字改革委员会联合发布的；《现代汉语通用字表》是1988年国家语委同国家新闻出版署联合发布的；《普通话异读词审音表》是1985年国家语委、国家教委和广播电视部联合发布的。与相关行业的主管部门联合发布语言文字规范，是向相关领域贯彻国家语言政策的进一步发展。改革开放之后，国家对公共服务行业（也称"窗口行业"）的语言文字应用也给予了较多关注，并逐渐形成了语言文字工作特别是推广普通话的"四大重点领域"：学校、党政机关、广播影视媒体和公共服务行业。时任国务院副总理李岚清的报告是这方面的代表性表述：“在全国范围内普及普通话，做好语言文字的规范工作，是一项巨大的社会工程，全社会都要积极支持、参与。要注意发挥好各级各类学校教育的基础作用，党政机关公务人员的带头作用，广播影视媒体的榜样作用和公共服务行业的窗口作用。”

2000 年通过的《中华人民共和国国家通用语言文字法》，不仅对这四大重点领域的用语用字做出了法律规定，而且还进一步考虑到公共场所设施、企业事业组织名称、商品包装说明、书法篆刻等艺术作品、信息处理和信息技术产品等领域的语言文字问题。国家语言规划已经从四大重点领域向社会其他领域辐射。对教育部语言文字应用管理司编纂的《新时期语言文字法规政策文件汇编》的数据进行统计，得到如下结果：1978 年至 2004 年发布的语言文字或含有语言文字的国家法律，国务院行政法规，中共中央、国务院文件，国务院部门规章等共计 47 件，其中与某特定领域相关的有 37 件；1978 年至 2004 年各部委发布的语言文字或含有语言文字的文件共有 65 件。将此两者加合，涉及领域语言生活的共计 102 件，其中涉及教育的 47 件，广播影视和新闻出版的 9 件，党政机关的 3 件，工商行政的 8 件，人名、地名的 9 件，其他行业、会议的 26 件。这一统计虽不完全准确，但可以由此看出涉及领域语言规划的一些信息。教育领域是语言文字工作的基础，文件比例约为 46%，近乎一半；广播影视媒体占 9%左右，也是重要领域；党政机关发文的比例较少，原因或者是这方面的工作有待加强，或者是很多文件是通过内部文件运行而没有在此得到反映；工商行政、人名地名及其他行业等所占比例约为 42%，这些领域多数属于公共服务领域。

此外，从组织架构上也可以看出领域语言文字工作在国家语言文字工作中的重要地位。现在，构成国家语委的成员单位有：中央宣传部、中央统战部、民政部、中央网信办、人力资源和社会保障部、工业和信息化部、文化和旅游部、国家新闻出版广电总局、中国科学院、中国社会科学院、共青团中央、中华全国总工会等。地方语委也是由各地的相关部门构成的。领域语言规划已经做好了组织架构方面的准备。回顾百余年语言规划的历史，可以得到如下基本认识。（1）语言规划的触角已经伸展到社会很多领域，特别是教育、公务、传媒、公共服务等与语言文字工作关系密切的重点领域。做好重点领域的工作，就基本掌控了语言生活的大局。（2）各领域的语言文字工作，目的基本上都是落实国家的语言政策。就当今的情况来说，就是要把“推广普通话、推行规范字”落实到一些重要行业中去，落实到社会的“用语大户”“用字大户”中去。(3）随着社会的发展，特别是文化的大发展大繁荣、信息化时代的到来和国际化步伐的加快，语言文字在各行各业中的地位越来越重要，已经关系到行业部门的工作水平及产品质量，因此语言规划下一步的一项重要任务，就是推进各行业做好本领域的语言规划。

二、领域语言规划的基本内容

领域语言规划是“纵向”的，上连国家的语言政策，下通各行业末端的企事业单位的语言生活。

规划的主要依据，一是国家的语言政策，二是本领域语言生活的实际。规划的基本目标，是保障和提升各领域的工作质量。

领域语言规划的基本内容主要包括：支撑国家语言政策；建立与工作质量相关的领域语言文字规范标准；解决领域语言问题。

（一）支撑国家语言政策

国家语言政策是根据国家语言生活状况制定的，并需根据国家语言生活的发展变化及时调整。领域语言生活是国家语言生活的重要内容，准确了解领域语言生活状况及其发展趋势，监测领域语言生活的发展变化，是科学制定、及时调适国家语言政策的基础性工作。例如人名地名使用领域，其用字特点是：(1）用字量很大，字量远远超出通用字范畴；(2）使用了一定量的异体字；(3）有许多字只用于人名地名，有时甚至字义不清、读音不定。过去，国家文字整理工作以“减少数量”“减少笔画”为基本原则，以通用领域用字整理为基本范围，没有充分照顾到人名地名的使用需求。其一，只规范了7000通用字，字量远远不够。在用手书写的第一代身份证时代，这种不适应还没有凸显出来，但在第二代身份证时代，在卫星定位系统广泛应用的时代，字量不足的问题就明显暴露出来了。其二，把一些常用作人名的字处理成了异体字，致使一些历史上的人名需要“改名”，如唐代名臣“魏徵”成了“魏征”，宋代活字印刷术发明人“毕昇”成了“毕升”。现代也有很多人用被废止了的异体字命名，如“喆”“淼”“犇”等。

其三，有一些地名的写法复杂，改用笔画较少的字代替，如“盩厔”改为“周至”，“鄠县”改为“户县”。人名地名使用领域的这些情况，要求在通用字的基础上扩大汉字的整理范围，要求正确看待、科学甄别异体字，特别是要重新审视、稳妥处理人名地名中的异体字问题，适当调整关于异体字的有关政策。同时，各领域也应当根据本领域特点积极贯彻执行国家语言政策，包括国家通用语言文字政策、外语政策等。国家语言政策不是空悬在上的，而是要落地生效的。政策的实施主要靠各领域的贯彻执行，因为人们的语言生活主要在社会的各个领域中。各领域，特别是一些重点的领域，能够很好地执行国家的语言政策，国家对语言生活的管理就落到了实处。如果国家语言政策并不完全适应某领域的语言生活实际，也应当边执行边向国家提出政策调整的建议。例如《中华人民共和国国家通用语言文字法》第十七条是关于繁体字、异体字使用的除外条款，规定“姓氏中的异体字”保留使用。在我国，人的名字一般是由姓和名两部分构成的，第十七条只规定了姓氏可以保留使用异体字，姓氏并不包括名，这样取名叫“喆”“淼”“犇”的，就是不规范现象。虽然这一规定不符合人们的取名心理，不适应语言生活的实际，但是在政策调整之前还应执行。事实也是如此，比如近些年关于“魏徵”的几部电视剧，字幕仍然都是写作“魏征”。2013 年 2 月 3 日通过搜狗搜索，“毕升”有 18942 条，“毕昇”只有 1436 条，“毕升”是“毕昇”的十几倍。当然，要很好发挥领域对国家语言政策的支撑作用，对于一些不符合语言生活实际的规定，国家有关部门应当建立回馈反应机制，以便对这些规定及时修订、调整。

（二）制定领域语言文字规范

领域语言文字规范标准，是领域工作质量不可缺少的保障，并可能为事业的发展提供机遇。领域语言文字规范标准，主要有三个基本方面。

1. 领域工作语言

任何组织都需要通过语言文字来沟通信息、运筹策划、协调行为。用于组织内部的发挥如上作用的正式的语言文字，可以称为工作语言。领域工作语言的确定，以能够实现在最大范围内最为顺畅的沟通为原则。当前，领域工作语言的问题主要是：某些领域没有工作语言的自觉意识，对会议和工作人员没有提出应有的要求；有不切实际的滥用外语的趋势。这些问题，对内影响工作效率，对外影响行业形象。

2. 产品的语言文字标准

这里所谓的“产品”自然是广义的，指的是各领域各行业向社会提供的各种服务（也包括管理部门的社会管理工作）和各种物品。很多服务是通过语言文字来实现的，人们对管理、服务人员和商品提供者的语言要求也越来越多、越来越高，语言文字的水平往往决定着服务的水平，成为产品质量的重要构成要素。比如政府公文，政府新闻发言人的文风，法律领域的各种文书，新闻出版和广播电影电视的用语用字、教材教辅的语言文字，教师的教学语言，公共场所的标记，交通指示，商家广告，产品说明书，医疗处方，博物馆、旅游景点的语言文字，导游语言，机场、车站、飞机、火车、汽车、轮船等的广播、服务用语，电子制品中的各种语言文字等。此外，还有各种硬件产品中的语言文字标示，如电视遥控器上按钮的文字等。产品的用途、形态不同，对语言文字应用的要求也不相同，适用的语言文字标准也相应不同。但不管是什么样的产品，不管使用什么样的语言文字，不管语言文字使用量多少，都应当以产品使用者（包括工作对象、服务对象等）的需要、满意、方便为目标。就产品的语言文字使用情况来看，当前的主要问题有以下几个。第一，没有认真考虑产品使用者的需要，没有顾及大众的“语言消费”。例如：很多地方的公文充斥着“八股”调；医疗检验单多数用的是专业术语和技术符号，妨碍了病人知情权的行使；宾馆、电话公司等单位的电话服务，不看对象地使用英语；文具用品上面不必要地使用英文；医药说明书或没有中文，或是中文写得佶屈聱牙，如此等等，不一而足。第二，产品的语言文字水平不高，影响了产品质量。比如电影、电视剧的字幕中常有错别字，几成难医之痼疾；汉语拼音的使用不合正词法，不注意分词连写、大小写等；许多场合的外文使用很不规范，甚至还闹出很多笑话。第三，执行国家语言政策的意识不自觉，国家的语言文字标准没有得到认真的贯彻执行，不该用方言的地方用方言，不该用繁体字的地方用繁体字，不该用外文的地方用外文等。各领域都应当重视这类问题，应当根据各领域各行业情况，制定语言文字的标准。

3. 从业人员语言能力的基本要求

语言能力是人类的三大基本能力之一，特别是到了信息化时代，脑力劳动者在劳动大军中的比例越来越高，体力劳动者也需要做较多的脑力劳动，大多数领域的从业人员都需要具备相应的语言能力，语言能力已经成为劳动力的重要构成要素。例如，过去的商店营业员，只需要一般的语言文字能力，能够简单地向顾客介绍商品、能够算账开票就可以了；而今顾客购买物品时，还要求得到较好的“语言服务”。有研究表明，不能够使用合适的语言介绍商品，成交率就相对较低。与此相似，家电等家庭用品的售后服务业，其语言服务水平与用户的满意度具有极大的相关性。因此，应当把语言能力纳入劳动力标准之中，把语言文字规范标准融入劳动规矩（行规）之中。一些领域已经制定了从业人员的某种语言能力标准，比如教师、播音员、解说员、公务员等都有普通话水平的要求，国家公务员考试中也有关于语言能力的项目。但是总体而言，各领域对于各自从业人员需要哪些语言能力，应当达到什么样的水平，还缺乏理性的了解。尽管现在有多种名目的语言测试项目，但是多数都不一定能够测试出人的全面的语言应用能力，而且多数都是水平测试，而不是工作岗位的语言能力测试。制定不同工作岗位的语言能力标准，发展岗位语言能力测试，是领域语言规划的一个重要任务。

（三）研究解决领域语言问题

每个领域有每个领域的语言生活，也都有需要解决的语言问题。这些问题处理得好，可以提高工作效率，促进事业的发展，促进语言生活的和谐；处理不好，会影响事业的发展，严重时会造成严重的后果，乃至产生语言冲突。仔细琢磨，许多领域都存在着需要认真对待的或大或小的语言问题。例如：在广播电视节目中，普通话节目和方言节目的时间比例、频道和时段分配等，相关部门已有相关规定，但是出于不同的目的，很多地方、很多人士都试图对这种比例和分配进行一些微调。领域语言问题虽然关系到行业的工作质量和事业发展，但也常常被忽视，或是因不易解决而被搁置。研究各领域存在的语言问题，寻求妥善的问题解决方案，也是领域语言规划的重要任务之一。

三、做好领域语言规划的若干思考

领域语言规划于国、于民、于行业都很重要，就当前各领域的事业发展和当前语言规划的发展趋势看，做好领域语言规划势在必行。领域语言规划的基本运作机制应当是：国家职能部门指导，行业主管部门主管，加强领域语言生活研究。

（一）国家职能部门指导

国家职能部门负责国家语言生活的管理，负责指导领域语言规划。指导领域语言规划，是国家语言生活管理的一部分，也是政府由语言管理职能向语言服务职能转变的具体体现。所谓“指导”，一方面是保证各领域的语言规划要符合国家利益，执行国家的语言政策，同时，也要鼓励各领域根据自己语言生活的实际，创造性地进行本部门的语言规划，特别是要提倡语言文字通过领域语言规划转变为“生产力”。领域语言规划的执行情况，特别是对国家语言政策的执行情况，国家职能部门有责任进行监督。特别是要形成监督机制，制定监督的具体办法，并将监督结果以适当方式反馈给各行业，以便提高监督的成效。在指导和监督的过程中，国家职能部门也能更深入地了解各领域语言生活状况，从而及时调整国家的语言政策，使其不至于脱离语言生活实际。同时，国家职能部门应制定各领域执行国家语言政策的细则，以便使国家语言政策能够在各领域得到更好的落实，特别是把国家的语言政策转换为各领域自觉的行业要求，成为促进各领域事业进步的要素之一。

（二）行业主管部门主管

社会“领域”有很多习惯说法，比如“系统”“战线”“行业”等，对领域的具体管理，是通过行业主管部门（或是行业协会）来实现的。因此，行业主管部门也应当是本行业语言生活的主管者。各行各业在制定工作规划时，在制定从业人员素质标准和培训考核规划时，在制定产品的质量标准、检验、推介和售后服务等工作准则时，应当充分考虑语言文字方面的问题。行业主管部门主管本行业的语言生活，理论上具有合理性，操作上具有可行性。当前的主要问题之一是行业主管部门语言意识不强，对语言学的基本常识了解很少。一些工作人员对语言文字与社会的关系和社会语言生活的现状了解甚少，特别是对于在信息化、国际化和文化多元化时代，行业需要什么样的语言人才，怎样利用语言和文字获取社会效益和经济效益，怎样处理好多种语言之间的关系、避免语言冲突等，缺乏必要的认识。因此，许多行业的主管部门还没有意识到要做好本行业的语言规划，或是在行业规划中应写入语言文字方面的内容。提高行业主管部门的语言意识，是当前领域语言规划的当务之急。

（三）加强领域语言生活研究

语言规划的制定具有很强的专业性，需要专家学者的广泛参与，提供坚实的学术支撑。随着应用语言学和社会语言学的发展，近 30 年来语言生活研究已经涉及了一些领域。语言教学是语言学研究的传统领地；除此之外，在法律、新闻、广告、广播电视、医疗卫生、公安侦破等领域，法律语言学、新闻语言学、广告语言学等涉及领域语言规划的一些交叉学科，也在逐步建立和发展；国家语委发布的《中国语言生活状况报告》自 2005 年开始至今，对许多领域的语言生活状况进行了一些研究；《江汉大学学报》《云南师范大学学报》等杂志，特辟专栏促进领域语言研究；一些出版社也出版了不少研究领域语言生活的书籍，如中国社会科学出版社的"领域语言研究丛书"等；国家的普通话水平培训与测试，也试图照顾一些行业的语言应用特点。但是总体来看，我国领域语言研究的覆盖面较窄，还有不少空白领域；领域研究不够深入，特别是缺少经典式的研究；研究方法还比较传统，特别是没有很好地利用数据库方法；许多研究较少进行理论的探讨与升华。可以说，我国还处在领域语言规划的初始学术准备阶段。国家语言规划是逐步发展的，其水平在不断提高，其范围在不断扩展。由于历史发展的限制，国家过去没有出台领域语言规划方面的政策，许多领域也较少提出领域语言规划的要求。社会需求是学术的导向，当社会发展尚未达到一定阶段时，学界也难以产生研究相关问题的动力和自觉。而今，领域语言生活研究已为时代所需，应动员各界学者深入了解各行业语言生活状况和对语言文字工作的需求，了解各行业存在的语言文字问题，并提出合理的解决方案。在研究领域语言生活时，要站在时代的高度来观察和规划，要特别关注新时代对不同领域从业人员语言能力的新要求，关注新时代产生的新的语言职业、语言产业，以及这些语言职业、语言产业的语言规划。比如文字速录师、键盘编码员、计算机字库设计员、计算机信息搜索的技术人员等从业人员的语言能力，比如语言康复、语言信息处理、网络新媒体等领域的语言规划等。人才队伍建设是学术发展的“硬道理”。应当采取切实措施培养复合型人才，鼓励多学科参与的复合型科研队伍。要重视设立研究领域语言生活、解决领域语言问题的多学科攻关的基金项目，通过这样的基金项目，不仅可以获得相应成果以用于社会发展，而且可以组建队伍，培养人才，积淀科学资料，发展领域语言学。当然，也要重视现代科研手段的应用。当前，无论是科学研究还是社会发展，都已经进入了所谓“大数据时代”。领域语言生活更是需要大数据的支撑，要建立面向互联网的“数据意识”，通过共享、“众包”等理念来搜集数据、整理数据、最大限度地发挥数据的作用。当然，领域语言学的建立与发展，对语言学的进步也具有重大意义。不同领域对语言有不同要求，有需要解决的特殊的语言问题，有些领域甚至需要专门的语言政策。因此，不同领域中的语言生活有不同的特点。研究各领域对语言的不同需求，研究各领域语言生活的特点，研究一些领域中的语言问题和语言政策，可以促进社会语言生活和谐，解决与语言相关的社会问题，同时，可以发展与语言学相关的各种交叉学科，从而推进语言学学科体系的发展。这也反映了语言研究以社会语言问题为导向的“现实化”取向，表现了语言学家学术观念的更新和对社会语言生活的关注，从而履行语言学不应推卸的社会责任。

参考文献

包惠南，2001. 文化语境与语言翻译[M]. 北京：中国对外翻译出版公司.

曹沸，2011. 对话视域下的对外汉语教学新模式[J]. 当代教育论坛（教学研究）（11）：84-86.

常敬宇，1995. 汉语词汇与文化[M]. 北京：北京大学出版社.

陈建民，1995. 汉语词语与文化[M]. 北京：北京大学出版社.

陈建生，2008. 认知词汇学概论[M]. 上海：复旦大学出版社.

陈松岑，1985. 社会语言学导论[M]. 北京：北京大学出版社.

陈松岑，1999. 语言变异研究[M]. 广州：广东教育出版社.

陈田顺，1999. 对外汉语教学中高级阶段课程规范[M]. 北京：北京语言文化大学出版社.

陈贤纯，1999. 对外汉语中级阶段教学改革构想——词语的集中强化教学[J]. 世界汉语教学（4）：3-5.

陈忠，2006. 认知语言学研究[M]. 济南：山东教育出版社.

程琪龙，2001. 认知语言学概论：语言的神经认知基础[M]. 北京：外语教学与研究出版社.

程棠，2000. 对外汉语教学目的原则方法[M]. 北京：华语教学出版社.

程潇，2011. 中高级俄罗斯留学生习得汉语声调的实验研究[D]. 杭州：杭州师范大学.

程亚玲，2010. 论词汇教学法在商务英语教学中的应用[J]. 黑龙江科技信息（28）：161.

崔希亮，2010. 对外汉语教学与汉语国际教育的发展与展望[J]. 语言文字应用（2）：2-11.

崔新丹，2001. 浅谈汉语词汇教学技巧[J]. 语言与翻译（汉文）（2）：

66-68.

崔永华，杨寄洲，1997. 对外汉语课堂教学技巧[M]. 北京：北京语言文化大学出版社.

戴昭铭，1996. 文化语言学导论[M]. 北京：语文出版社.

费尔迪南·德·索绪尔，1980. 普通语言学教程[M]. 高名凯，译. 北京：商务印书馆.

冯传强，2005. 现代汉语词汇构造特点与对外汉语词汇教学[J]. 胜利油田师范专科学校学报（4）：11-22，82.

冯广艺，1998. 汉语语境学概论[M]. 银川：宁夏人民出版社.

符冬梅，2011. 中亚留学生汉语学习动机调查研究[D]. 乌鲁木齐：新疆师范大学.

高婧洁，2010. 中亚留学生初级汉语口语课中合作学习教学设计的研究[D]. 乌鲁木齐：新疆师范大学.

高名凯，石安石，1987. 语言学概论[M]. 2版. 北京：中华书局.

高颖婷，2011. 中亚留学生汉语自主学习调查分析及对策研究[D]. 乌鲁木齐：新疆师范大学.

葛本仪，1985. 汉语词汇研究[M]. 济南：山东教育出版社.

何干俊，2002. 对英语国家留学生汉语教学中的词汇问题的探讨[J]. 江西师范大学学报（哲学社会科学版），35（3）：81-83.

何刚，张春燕，2006. 试论文化语用原则[J]. 修辞学习（5）：34-38.

何增丁，2012. 对中亚留学生的汉字书写偏误研究[D]. 兰州：兰州大学.

侯创创，2008. 初级阶段中亚留学生汉语学习动机研究：基于韩国留学生汉语学习动机视野下的对比[D]. 乌鲁木齐：新疆师范大学.

胡国晖，于颖，2007. 外国留学生的培养与高校教学环境的优化[J]. 黑龙江高教研究（10）：79-80.

胡华，2002. 语言系统和语用因素[M]. 长春：东北师范大学出版社.

胡明扬，1997. 对外汉语教学中语汇教学的若干问题[J]. 语言文字应用（1）：6.

黄光国，胡先缙，等. 2005. 人情与面子——中国人的权力游戏[J]. 领导文萃（7）.

黄涛，2002. 语言民俗与中国文化[M]. 北京：人民出版社.

黄振英，1994. 初级阶段汉语词汇教学的几种方法[J]. 世界汉语教学（3）：64-66.

惠慧，2010. 哈萨克斯坦哈萨克族来华留学生汉语招呼语使用情况调查[D]. 乌鲁木齐：新疆师范大学.

贾彦德，1999. 汉语语义学[M]. 北京：北京大学出版社.

贾玉新，1997. 跨文化交际学[M]. 上海：上海外语教学出版社.

蒋怀周，刘晓丽，吴元洁，等. 2016. 刍议医学英语词汇教学策略[J]. 科教文汇（中旬版）（4）：173-174.

杰弗里·利奇，1987. 语义学[M]. 李瑞华，王彤福，杨自俭，等译. 上海：上海教育出版社.

井婷宁，2010. 中亚留学生汉语程度副词习得研究[D]. 乌鲁木齐：新疆师范大学.

卡兹纳，1980. 世界的语言[M]. 黄长著，林书武，译. 北京：北京出版社.

康燕，2011. 谈对外汉语教学中的词汇教学[J]. 语文学刊（11）：157-159.

雷茜，2012. 来华中亚留学生对中国文化需求分析的研究——以新疆师范大学的中亚留学生为例[D]. 乌鲁木齐：新疆师范大学.

李海波，2011. 土库曼斯坦留学生汉语单字调习得的实验研究[D]. 杭州：杭州师范大学.

李嘉郁，2004. 多媒体技术在文化教学中的应用[J]. 暨南大学华文学院学报（2）：14-18，25.

李金钞，1990. 中、高级阶段的词语教学[C]// 第三届国际汉语教学讨论会会务工作委员会. 第三届国际汉语教学讨论会选. 北京：北京语言学院出版社：142-146.

李开，2002. 对外汉语教学中的词汇教学与设计[J]. 语言教学与研究（5）：55-58.

李莉，1999. 论对外汉语教学中的词汇教学[J]. 天津外国语学院学报，

6（1）：3-5.

李泉，1991. 对外汉语教学释词的几个问题[J]. 汉语学习（3）：33-35.

李如龙，2005. 略论对外汉语词汇教学的两个原则[J]. 语言教学与研究（2）：41-47.

李如龙，杨吉春，2004. 对外汉语教学应以词汇为中心[J]. 暨南大学华文学院学报（4）：21-29，49.

李霞，2011. 浅论对外汉语教学中的汉语本体研究问题[J]. 北方文学（下半月）（2）：122.

李晓东，2010. 中亚留学生离合词使用偏误分析[D]. 乌鲁木齐：新疆师范大学.

李燕燕，2002. 词义聚合关系之反义关系[J]. 内蒙古民族大学学报（社会科学版）（6）：74-75.

李宇明，2013. 领域语言规划试论[J]. 华中师范大学学报（人文社会科学版），52（3）：86-92，2.

李宇明，周建民，2004.“领域语言研究”开栏引言[J]. 江汉大学学报（人文科学版），23（2）：5.

李征，2011. 浅谈对外汉语课堂教学法——任务型教学法[J]. 教育教学论坛（1）：150-153.

刘琛，2004. 从认知心理学的角度看对外汉语词汇教学[D]. 上海：华东师范大学.

刘晨，2012. 中亚留学生汉语粘合式补语使用偏误分析[D]. 乌鲁木齐：新疆师范大学.

刘焕辉，1992. 言语交际学的性质及其他[J]. 语言文字应用（4）：31-38.

刘敏，2011. 对外汉语教学中的文化教学研究[J]. 文学教育（中旬版）（3）：156.

刘蓉美，2012. 来疆中亚留学生中国文化教学策略研究[D]. 乌鲁木齐：新疆师范大学.

刘森林，2000. 认知语境因素结构化[J]. 四川外语学院学报（4）：54-59.

刘智伟，任敏，2006. 近五年来对外汉语词汇教学研究综述[J]. 云南师范大学学报（对外汉语教学与研究版），4（2）：64-68.

柳苗，2011. 中亚留学生汉语词典使用情况调查研究[D]. 乌鲁木齐：新疆师范大学.

卢植，2006. 认知与语言[M]. 上海：上海外语教育出版社：252.

陆国强，1999. 现代外语词汇学[M]. 2 版. 上海：上海外语教育出版社.

陆华，李亚才，2007. 对外汉语词汇教学的瓶颈与突破[J]. 当代教育论坛（18）：96-98.

陆跃伟，2011. 图式理论在新疆高校中亚留学生汉语阅读教学中的应用设计[D]. 乌鲁木齐：新疆师范大学.

罗小品，2012. 对中亚留学生汉语字词声调教学的探讨[D]. 兰州：兰州大学.

吕必松，1990. 对外汉语教学发展概要[M]. 北京：北京语言学院出版社.

马杜娟，2006. 词义的动态性与对外汉语词汇教学[J]. 邢台学院学报，21（3）：113-116.

马静，行玉华，2008. 对外汉语教学词语释义的原则与方法[J]. 重庆教育学院学报（4）：45-48.

麦基，1990. 语言教学分析[M]. 王得杏，孙以镭，许才德，等译. 北京：北京语言学院出版社.

孟子敏，1998. 对外汉语教学中的文化词语[M]. 北京：北京语言文化大学出版社.

潘庆云，1997. 跨世纪的中国法律语言[M]. 上海：华东理工大学出版社.

齐春红，2002. 词汇教学的特点及其认知理据[J]. 云南师范大学学报（哲学社会科学版），34（6）：133-134.

史王鑫磊，2011. 吉尔吉斯斯坦汉语教学现状研究[D]. 乌鲁木齐：新疆师范大学.

史小芳，2011. 新疆高校中亚本科留学生汉语言专业教学现状调查研究[D]. 乌鲁木齐：新疆师范大学.

束定芳，2000. 论隐喻产生的认知、心理和语言原因[J]. 汉语学刊(2)：23-33，92.

束定芳，2000. 隐喻学研究[M]. 上海：上海外语教育出版社.

束定芳，2008. 认知语义学[M]. 上海：上海外语教育出版社.

束定芳，庄智象，2008. 现代外语教学：理论、实践与方法[M]. 上海外语教学出版社.

斯珀波，威尔逊，2008. 关联性：交际与认知[M]. 蒋严，译. 北京：中国社会科学出版社.

孙常叙，1956. 汉语词汇[M]. 长春：吉林人民出版社.

孙风格，2012. 中亚来华留学生跨文化适应研究——以新疆师范大学为例[D]. 乌鲁木齐：新疆师范大学.

孙倩，2012. 中级中亚留学生汉语副词教学方法的教学实验报告[D]. 昆明：云南大学.

孙文琴，2012. 基于学生满意度的新疆高校留学生管理现状调查研究[D]. 乌鲁木齐：新疆师范大学.

孙新爱，2004. 对外汉语词汇教学应把握的几个原则[J]. 云南师范大学学报（对外汉语教学与研究版），2（3）：14-18.

孙子刚，2009. 英语医学词汇构词法[M]. 南京：江苏科技出版社.

谭三妹，2009. 初级阶段哈萨克斯坦留学生汉语量词运用偏误分析[D]. 上海：华东师范大学.

唐倩，2011. 新疆高校对外汉语教师现状调查研究[D]. 乌鲁木齐：新疆师范大学.

田卫平，1997. 对外汉语词汇教学的多维性[J]. 世界汉语教学（4）：72-79.

童之侠，2005. 国际传播语言学[M]. 北京：中国传媒大学出版社.

王国安，王小曼，2003. 汉语词语的文化透视[M]. 上海：汉语大词典出版社.

王建勤，2006. 汉语作为第二语言的学习者与汉语认知研究[M]. 北京：商务印书馆.

王世友，莫修云，2003. 对外汉语词汇教学的几个基本理论问题[J]. 云南师范大学学报（对外汉语教学与研究版）(2)：6-10.

王丝雨，2012.“以学生为中心”的中亚留学生汉语学习需求调查与分析——以新疆大学为例[D]. 乌鲁木齐：新疆师范大学.

王苏春，王勇，唐德才，2009. 发达国家留学生教育经验对我国留学生教育的启示[J]. 教育探索（9）：146-147.

王文斌，2001. 汉语词汇语义学[M]. 杭州：浙江教育出版社.

王希杰，1991. 语言学百题[M]. 修订本. 上海：上海教育出版社.

王小宁，1995. 对外汉语词汇教学初探[J]. 清华大学学报（哲学社会科学版），10（4）：3.

王寅，2004. 认知语言学之我见[J]. 解放军外国语学院学报，27（5）：1-5.

王寅，2005. 认知语言学探索[M]. 重庆：重庆出版社.

王志飞，2009. 新疆在与中亚国家区域经济合作中的战略定位研究[D]. 石河子：石河子大学.

威廉·冯·洪堡特，1997. 论人类语言结构的差异及其对人类精神发展的影响[M]. 姚小平，译. 北京：商务印书馆.

温格瑞尔，施密特，2009. 认知语言学导论[M]. 2 版. 彭利贞，许国萍，赵微，译. 上海：复旦大学出版社：48.

伍谦光，1988. 语义学导论[M]. 长沙：湖南教育出版社.

谢之君，2007. 隐喻认知功能探索[M]. 上海：复旦大学出版社.

邢福义，2000. 文化语言学[M]. 2 版. 武汉：湖北教育出版社.

熊学亮，刘国辉，2002. 也谈礼貌原则[J]. 四川外语学院学报，18（3）：60-62.

徐大明，陶红印，谢天蔚，1997. 当代社会语言学[M]. 北京：中国社会科学出版社.

徐子亮，2000. 汉语作为外语教学的认知理论研究[M]. 北京：华语教学出版社.

许光烈，2005. 谈对外汉语的词汇教学[J]. 五邑大学学报（社会科学版），7（3）：69-72.

闫丽，2010. 中亚留学生汉语量词使用现状调查研究[D]. 乌鲁木齐：新疆师范大学.

严学宭，1985. 中国对比语言学浅说[M]. 武汉：华中工学院出版社.

杨德峰，2012. 汉语文化与交际[M]. 北京：商务印书馆：41.

杨晓黎，1998. 对外汉语词语教学的拓展法[J]. 华东师范大学学报（哲学社会科学版）(6)：3-5.

杨元刚，2008. 英汉词语文化语义对比研究[M]. 武汉：武汉大学出版社.

姚小平，1995. 洪堡特——人文研究和语言研究[M]. 北京：外语教学与研究出版社.

伊莉曼·艾孜买提，李娜，2008. 汉语国际推广工作中的新疆对外汉语教材建设[J]. 新疆师范大学学报（哲学社会科学版）(3)：120-124.

伊莉曼·艾孜买提，吴晓永，2011. 提升新疆“区域软实力” 开辟留学生教育发展新路径[J]. 新疆师范大学学报（哲学社会科学版）(3)：104-108.

易红，2009. 中亚留学生汉语学习风格调查研究[D]. 乌鲁木齐：新疆师范大学.

于海阔，李如龙，2011. 从英汉词汇对比看对外汉语词汇教学[J]. 山西大学学报（哲学社会科学版）(3)：71-78.

张高翔，2003. 对外汉语教学中的文化词语[J]. 云南师范大学学报（对外汉语教学与研究版），1 (3)：61-65.

张和生，2005. 对外汉语词汇教学研究述评[J]. 语言文字应用（A1)：6-8.

张慧晶，2003. 试论汉语词语的文化附加义[J]. 汉语学习（3)：45-48.

张慧君，2007. 国际化进程中来华留学生教育质量的提升[J]. 中国高等教育（24)：46-47.

张健，2011. 对外汉语教材出版及推广的探索与实践[J]. 中国出版（19)：31-33.

张如梅，2011. 对外汉语教材民俗文化内容的编写设想[J]. 教育科学文摘，30 (5)：79-82.

张文成，2011. 来疆留学生跨文化适应调查研究——以新疆师范大学留学生为例[D]. 乌鲁木齐：新疆师范大学.

张新武，高莉琴，2002. 新疆大学语言文化国际学术研讨会集[M]. 乌鲁木齐：新疆大学出版社.

张永言，1982. 词汇学简论[M]. 武汉：华中工学院出版社.

张占一，1990. 试议交际文化和知识文化[J]. 语言教学与研究（3）：15-32.

张志毅，张庆云，2001. 词汇语义学[M]. 北京：商务印书馆.

张忠，2012. 中亚留学生成语使用现状调查研究[D]. 乌鲁木齐：新疆师范大学.

赵金铭，2000."九五"期间的对外汉语教学研究[J]. 世界汉语教学(3)：3-6.

赵嫚，2010. 对外汉语教学模式研究述评[J]. 合肥师范学院学报（1）：116-119.

赵晓佳，2011. 中国与中亚的友好交流研究[D]. 北京：中央民族大学.

赵元任，1980. 语言问题[M]. 北京：商务印书馆.

郑杭生，2003. 社会学概论新修[M]. 3 版. 北京：中国人民大学出版社.

郑琪，2012. 中级汉语水平中亚留学生声调偏误实验分析[D]. 乌鲁木齐：新疆师范大学.

钟燕凤，2011. 吉尔吉斯斯坦大学生汉语学习动机调查研究[D]. 乌鲁木齐：新疆师范大学.

周健，廖暑业，2006. 汉语词义系统性与对外汉语词汇教学[J]. 语言文字应用（3）：110-117.

朱俊伟，2010. 网络词语"晒"的认知语言学解释[J]. 内蒙古农业大学学报（社会科学版）（4）：403-404.

朱小安，2007. 政治隐喻探讨——以德语和汉语隐喻为例[J]. 解放军外国语学院学报，30（2）：19-23.

祝畹瑾，1985. 社会语言学译文集[M]. 北京：北京大学出版社.

邹玉华，刘家瑶，于慧媛，2014. 司法领域的语言服务[J]. 佛山科学技术学院学报（社会科学版）（2）：14-19.

HUDSON R A, 1996. Sociolinguistics[M]. 2nd ed. Cambridge: Cambridge University Press: 22-47.

MARTIN JOOS, 1967. The Five Clock: A Linguistics Excursion into the Five Styles of English Usage. New York: Harcourt, Brace & World, Inc.